Über dieses Buch ›Pylades‹, das Theaterstück, an dem Pasolini noch in seinen letzten Lebensjahren gearbeitet hat, wird hier zum ersten Mal auf deutsch veröffentlicht – an der Seite des einzigen bisher bei uns erschienenen Bühnentextes von Pasolini, ›Affabulazione oder Der Königsmord‹.
Zusammen mit einem zweiten, parallel erscheinenden, Taschenbuchband, der die Theaterstücke ›Orgie‹ und ›Der Schweinestall‹ präsentiert, macht diese Ausgabe Pasolinis vier wichtigste Dramen zum ersten Mal in deutscher Sprache zugänglich.
›Affabulazione oder Der Königsmord‹ ist eine Theaterphantasie über den Vatermord, die aus den Tiefen des Ödipus-Mythos in unsere Zukunft träumt.
›Pylades‹, vormals Begleiter des Orest, steht für Pasolinis Streben nach Erneuerung wie für seine Resignation, eine den eigenen Tod vorausahnende Tragödie über die Vergänglichkeit von Anschauungen, Dogmen, Tendenzen, die sich wiederholende Umkehrung aller Wertbegriffe. Pasolini hat all jene Auseinandersetzungen mit Elend und Möglichkeiten westlicher Demokratien, wie sie in den ›Freibeuterschriften‹ veröffentlicht worden sind, in diesen Text, der die Form der aischyleischen ›Orestie‹ aufnimmt, eingearbeitet. Der Konflikt einer vom Ursprung her agrarischen Gesellschaft mit den von einer explosionsartig gewachsenen Industrie übergestülpten Lebensformen wird von ihm auch hier keiner vordergründigen Theaterlösung zugeführt.

Die Schriftstellerin Giuliana Morandini, Literatur- und Theaterkritikerin bedeutender italienischer Zeitungen und Zeitschriften, von Kind an befreundet mit Pier Paolo Pasolini, dessen Arbeit sie aus nächster Nähe bis an sein Lebensende verfolgte, hat zu dieser zweibändigen Taschenbuchausgabe ein Vorwort geschrieben, das im anderen, »Orgie« und »Der Schweinestall« enthaltenden, Band abgedruckt ist.

Der Autor Pier Paolo Pasolini, geboren 1922 in Bologna, ermordet 1975 bei Rom, aufgewachsen im Friaul, Doktor der Philosophie, Lyriker, Pädagoge, Epiker, Journalist, Dramatiker, Zeichner, Maler, Essayist, Filmemacher, Mitglied der Kommunistischen Partei, Christ, Homosexueller, Prophet, Moralist, ist in Deutschland bisher fast ausschließlich durch seine Filme – von ›Accatone‹ bis ›Salò – Die 120 Tage von Sodom‹ bekannt. Sein Leben, seine Person, sein Werk waren ein Skándalon. Er kämpfte in seinen letzten Jahren gegen die Schein-Toleranz der totalitären Herrschaft des Konsums ebenso wie gegen den Konformismus der Progressiven. Seine apokalyptische Kritik an der Zerstörung und an der Selbstzerstörung der Menschen und ihrer Erde brachte buchstäblich ganz Italien gegen ihn auf.

Pier Paolo Pasolini

Affabulazione oder Der Königsmord

(Affabulazione)

Pylades

(Pilade)

Deutsch von Heinz Riedt

Fischer
Taschenbuch
Verlag

Theater Film Funk Fernsehen
Eine Reihe des Fischer Taschenbuch Verlags
Lektorat: Helmar Harald Fischer

Veröffentlicht im Fischer Taschenbuch Verlag GmbH,
Frankfurt am Main, Mai 1984

Titel der Originalausgabe: ›Affabulazione‹ / ›Pilade‹

Umschlaggestaltung: Rambow, Lienemeyer, van de Sand
Unter Verwendung von Pier Paolo Pasolinis »Ragazzo« (1943), Öl auf Zellophan.
Aus: »Pier Paolo Pasolini, Zeichnungen und Gemälde«
Balance Rief SA, Basel 1982. Mit freundlicher Genehmigung
der Herausgeber Johannes Reiter und Giuseppe Zigaina
Gesamtherstellung: Clausen & Bosse, Leck
Printed in Germany
1280-ISBN 3-596-27079-0

Inhalt

Affabulazione oder Der Königsmord
Schauspiel 7

Pylades
Schauspiel 99

Affabulazione
oder
Der Königsmord

Personen

SCHATTEN DES SOPHOKLES
VATER
MUTTER
SOHN
PFARRER
MÄDCHEN
KOMMISSAR
ARZT
SEHERIN
BETTLER
EISENBAHNER

Ort und Zeit der Handlung: Mailand 1965–1967

Prolog

SCHATTEN DES SOPHOKLES
Wer zu euch spricht, ist des Sophokles Schatten.
Willkür hat mich veranlaßt, hier eine Rede
einzuleiten, zu schwer und zu leicht:
schwer für die Zuschauer einer Gesellschaft, die
einen üblen Augenblick ihrer Geschichte hat,
leicht für die wenigen Kenner von Poesie.
Ihr müßt nur euer Ohr daran gewöhnen.
Das ist alles. Und sonst folgt, so gut ihr könnt,
den etwas unschicklichen Begebenheiten
dieser Tragödie, die ein Ende hat, doch keinen Anfang –
bis mein Schatten wieder erscheint.
Dann aber ändern sich die Dinge;
und die Verse erhalten ihre eigne Anmut
durch eine ganz gewisse Objektivität.

1. Episode

VATER
Aah!
Hiilfe!
Aaaaaah! Nicht ... Deine Knie will ich greifen ...
darunter ... die Sehnen!
Aaaaah! ... in den Anlagen ...
Wohin gehst du ... Junge du, mein Vater!
Der Bahnhof dort drüben, der Bahnhof ... Aaaaaah! Da
hab ich die Füße, Füßchen eines Dreijährigen.
Du spielender, du großer Junge!
Wie ist dein Gesicht? Zeig dein Gesicht!
Hiilfe!
Er ist nicht mehr da!
Weggelaufen!
Mama, ich will ihm nach ... er ist weg ...
Wohin denn ... Ich kann nicht ohne
ihn sein ... Mama, Mamaa, aaaaah!

MUTTER
Was hast du denn? Was ist? Wach auf!
Wach doch auf!
Na also, jetzt öffnet er die Augen!
Was war dir denn? ... Du hast im Traum gesprochen.
Du hättest dich nicht gleich nach dem Essen in den
Garten legen sollen. Du bist ja kreidebleich,
sicher hast du Verdauungsbeschwerden. Was hast du
geträumt?

VATER
Ich weiß nicht mehr.
Mein Magen ist so hart, in allen Nerven habe
ich so ein widerliches Gefühl, als stiege

aus den empfindlichsten Körperstellen
– den pulsierenden, wie Pulse und Hals –
eine Luftblase auf und quetschte, verdammt, mein Hirn
an die – Schädeldecke, wie eben eine Blase,
die aus einem Topf will. Ich fliege! Ich bin
leicht wie ein faules verdorrtes Binsenrohr, ich fliege!
Ich habe keine Knochen mehr – oder sie sind ausgehöhlt.
Bekomme ich einen Infarkt? Fängt das so an?

MUTTER
Ach was, das sind nur Verdauungsbeschwerden.
Die Sonne hat dir nicht gut getan ...
Die Luft ist noch so feucht vom Regen gestern.
Aber was hast du nur geträumt?

VATER
Ich weiß nicht, ich weiß doch nicht.

MUTTER
Du hast von spielenden Jungen geredet ...
hast nach Mutter und Vater gerufen ...

VATER
Und sonst?

MUTTER
Warte ... Von einem Bahnhof hast du geredet ...
von Anlagen, auch von Anlagen ...
wo ein Junge war ...

VATER
O Gott! Das stimmt!

MUTTER
Warum schreist du das so heraus? So kenne
ich dich gar nicht! ...

VATER
Mir ist etwas klargeworden ... a b e r i c h
w e i ß n i c h t , w a s . Und ich will ... will
mich doch erinnern ...

MUTTER

Ich mache dir erst mal einen Kaffee!

Ab

VATER

Alles fängt mit diesem Traum an. Doch
an den Traum erinnere ich mich nicht.
Besser, alles fängt noch einmal an – wenn jemals
etwas angefangen hat in meinem Leben ... dem dieses
Etwas neu gewesen wäre ...

Halb bin ich noch eingetaucht ins Dunkle,
dabei zittern mir die Hände.

Was sehe ich, wenn ich jetzt auftauche?
Den Garten meiner Villa im Seengebiet.
Da vorn die Berge, meinem Besitzerblick
so verhaßt wie vertraut: und da, in Richtung
Mailand die Fabriken – schöne schweigende Fabriken
und blank wie die Wiesen. Ein Sonntagnachmittag.

Wer nimmt das alles wahr? Ein neuer
Mensch, der aus diesem Traum hervorging?
...
Denn ich bin doch nicht mehr ich: der Kadaver hier,
der in meinen Knochen steckt und im Empfinden
krankhafter Sauberkeit vom Magen her, nach
drei Stunden nichts andres als übler, ekelhafter Atem.
Ich bin nicht mehr ich. Was ist hinzugekommen? Etwas,
das ich schon gewesen war oder erst noch werden sollte?
Wie neu sind alle diese Dinge um mich herum!

Als hätte es geregnet, während ich schlief ...
eine neue Jahreszeit eingeregnet ...
den letzten tristen Frühling zum Hochsommer gewandelt ...
Und ich war nicht dabei, habe geschlafen.

In mein Haus, in dies Haus hier bin ich geraten
mitten im Sommer, unter fremde Menschen.

Sicher läßt mich all das Blut, das mir zu Kopf gestiegen,
mit Prophetenblick den tiefen Zukunftssommer sehen.

Wie kann sich denn auf einmal, so frage ich mich,
ein altgewohnter Zustand ändern? Eine Weile
dauert er ja noch fort in dem neuen Zustand,
macht sich und auch diesen unglaubwürdig.
Darum verharrt, wer in dieser Person lebt (ich!), von
ihr für eine Weile wie getrennt, gleichsam als Betrachter.

Schließlich weiß ich noch gar nicht, was passieren wird!
Ich kann also richtig noch gar nicht darunter leiden.
Das einzige, was mir Schmerzen macht, ist doch
dieses Ding, das sich mir vom Kopf her bis zum Herzen
eingebohrt hat, meinen Körper mit metallischer Kälte
durchdringt.

MUTTER – *zurückkehrend*
Geht's dir wieder besser?

VATER
Nein!

MUTTER
Ist dir dein Traum wieder eingefallen?

VATER
Nein.

MUTTER
Aber du hast wieder Farbe bekommen ...

VATER
Möglich ...

MUTTER
Hier, trink diesen Schluck Kaffee ...

VATER
Wird es damit nicht schlimmer?

MUTTER
Aber nein!
...
Ach, diese traurigen, öden Sonntage!

VATER
Wer kommt eigentlich heute?

MUTTER
Die Gewohnten – und auch Schulkameraden
unseres Sohnes...
Was hast du? Ist dir schon wieder schlecht?

VATER
Wie ein Schlag vors Herz ... und wieder
das Zittern und ein heißer Kopf...
Vielleicht doch ein Infarkt?
Glaubst du, so ist das?

MUTTER
Bei Gott, hör doch mit deiner Angst auf! Oh,
da ist er schon, lupus in fabula, unser Sohn...
Und ganz allein?
Stimmt, er war ja beim Mechaniker im Dorf,
hat sein Motorrad zur Inspektion gebracht
(heute früh sagte er's mir ... gnädigst).

VATER
Warum bleibt er denn hinten im Garten?
Kommt er nicht her?

MUTTER
Frag ihn doch. Du weißt ja, wie er ist.

VATER
Ganz krumm steht er da und blickt
in die entgegengesetzte Richtung...

MUTTER
Seine gewohnte Haltung: immer drauf und dran
fortzulaufen, zu verschwinden, sich zu verdrücken.

Aha, er hat seinen Ball gesucht; er lag
unter der Hecke. Jetzt spielt er für sich allein.
Gott sei Dank hat er die kurzen Hosen an.
Was ist denn mit dir? Träumst du?
Was starrst du so?
Ist dir schon wieder schlecht?
So sag doch was!

VATER
Mir schien, oh, mir schien ...
Etwas wollte mich an den Traum erinnern
– wenn das ein Traum ist ...
Es geht mir besser, mach dir keine Sorgen ...

MUTTER
Wenn es dir also wirklich besser geht,
kümmere ich mich jetzt um den Haushalt und
lasse dich mit deinen Selbstgesprächen allein ...
Ab

VATER
Warum, das frage ich mich, ist mein Sohn so blond?
Ja, an ihn muß ich denken; und zuerst an diese seine
Eigenart: die auffallende Eigenart seines Blondseins.
Da hat es zwar blonde Großväter gegeben, Krautköpfe
von Grundbesitzern, die mit allem Eigensinn
Mailändisch sprachen. Aber dieses Blond über
dem Schädel meines Sohns und Industrieerben
ist ein Blond, das nirgendwo auftaucht, nur bei
gewissen Matrosen, Leuten wirklich aus dem Volk
und dienstbar – die aber wer weiß wie großtun,
eben wohl wegen des Goldes – das übel geschoren, oder
als barbarischer Helmkranz auf ihrer Stirn steht,
die nicht weniger schwielig aussieht als ihre Hände.
Ob meine Frau mich betrogen hat mit irgend so einem,
der an unsrer Jacht in Ligurien zu arbeiten hatte?
Oder auch mit so einem Elektriker auf dem Land?

Jedenfalls ist mein Sohn aus der Art geschlagen,
und warum, weiß ich genau.
Doch was suche ich an ihm?
Und worin besteht dieses Suchen? Vorerst nur im
Betrachten:
aber ein Blick kam den Dingen noch nie auf den Grund
– ein Blick verbraucht sich oder entartet
in unnatürlicher Länge.

Doch dieses fürchterliche Blond, dieser
Goldspinat, der ihm in die Stirn hängt,
so schlampig wie die Gammlermode,
alles zu weit, zu schlapp,
zu kindisch
– oh, lombardische Würde!

Dies fürchterliche Blond, das mir nicht gehört.
Aber doch da ist. Ich könnte es greifen, gehörte
es nicht einem andern Element. Wie im Käfig
ein Vogel, der dem Himmel gehört.
Etwas hat mich wie ein Keulenschlag getroffen,
und nun vibriere
ich wie ein Leitungsmast!
Und jede Vibration ... ist ein Schritt auf jene
grauenvolle Dämmrung zu, die meines Lebens Licht
verändert.
...
Ja, da, da ...
Ah!
Hiilfe!
Aaaaaaaaaaaa! Ja ... Ich versteh, in meinem
Sohn setzt sich mein Traum fort! Ja!
Wovon habe ich nur geträumt? Gott, ich
muß mich erinnern, um mir zu verdeutlichen ...
um zu verdeutlichen ...
was, freudig oder schrecklich,
jedenfalls geschehen muß ...

SOHN
Ciao.

VATER
Ciao. Setz dich einen Augenblick.

SOHN
Eigentlich muß ich ja weg ...

VATER
Natürlich ...

SOHN
Bitte, dann bleib ich da.

VATER
Hast du dir jetzt überlegt,
was du gestern gesagt hast?

SOHN
Nein, Papa, nichts hab ich mir überlegt.

VATER
Das ist doch alles Unsinn! Mach erst dein Abitur!

SOHN
In der Schule bringen sie mir ja doch nur bei,
alles zu akzeptieren, was schon immer
für mich vorbereitet war:
hast du's denn nicht schon konsumiert?
Bist du unersättlich – willst du jetzt auch noch
mit meinem Mund essen? Morgen und in alle Zukunft?

VATER
Für endgültige Entscheidungen ist es jedenfalls
zu früh. Mag sein, daß du recht hast, aber
reiß nicht jede Brücke ab in dein berühmtes Morgen!

SOHN
Du bist liberal, demokratisch, verstehst mich.

Aber ich will dein Verständnis nicht! Bekanntlich
ist das viel gefährlicher als dein Unverständnis!

VATER
Das hast du mir schon gestern abend gesagt,
als du mir das schöne Geständnis machtest.

SOHN
Und jetzt sag ich's dir noch einmal,
weil du wieder davon anfängst.

VATER
Weißt du nicht, daß es für einen Vater nichts Schöneres
gibt als einen Sohn zu haben, der so ist wie er selber?

SOHN
Ich weiß. Anscheinend wollen die
Väter nichts andres vom Leben. Gut,
wenn du uns wirklich gleich haben willst,
dann werde du doch wie ich!

VATER
Meinst du nicht, jetzt hört der Spaß auf?

SOHN
Wieso? Du mußt doch einsehen, Papa:
je mehr die Väter unrecht haben, umso mehr sind
die Söhne im Recht. Je mehr du mich treibst,
umso mehr treiben mich Stolz und Leichtsinn,
dich links liegen zu lassen, um frei zu sein.

VATER
Stolz und Leichtsinn: du wirst dich darin erschöpfen
und nichts Gutes darauf bauen können.

SOHN
Werd ich vielleicht auf deine Industrie
was Bessres bauen können?
Ein bißchen Stolz und Leichtsinn
sind für sich schon was wert:
deine Industrie ist für sich überhaupt nichts wert.

VATER
Wohin gehst du jetzt?

SOHN
Nur ins Haus.

VATER
Wenn du auch nur ins Haus gehst, ist das schon eine Art, mir auszuweichen. Merkst du das nicht?

SOHN
Nein.

VATER
Du fliehst. Du fliehst nur immer.

SOHN
Das ist nicht wahr, ich bin doch dauernd hier.
Ab

VATER
O ja, unser beider Privatleben ist ein und dasselbe. Also fängt alles mit einem Traum wieder an und geht wohl weiter ... mit dem Wiedererscheinen meines Sohns!

2. Episode

VATER

Aber ich muß – ich muß mich doch erinnern,
was ich gestern nach dem Essen träumte.
Ich komme mir vor wie ein Verstümmelter, der seinen Arm ansieht
und keine Hand mehr hat. Er sieht ihn an und sieht ihn
noch einmal an und begreift nicht, wie ihm geschah.
Als fehlte ihm nicht die Hand allein,
sondern auch noch ein Stück Kopf!

Und über seine Verstümmlung empfindet er gar nicht
genug Schmerz, als wäre aller Schmerz versammelt
in diesem verlorenen Stück Kopf!
So ist er nur erstaunt.
Aber das Erstaunen ist beängstigend, mein Gott,
weil ich auf keine Erklärung hoffe.

Ich leide ... aber nicht, weil ich etwas nicht mehr habe
(wenn mich wirklich nur das Erstaunen leiden läßt).
Im Gegenteil, was ich nicht mehr bin – als Folge
des Traums –, wird reichlich damit kompensiert,
was ich dazubekommen habe und nicht begreifen kann.

Ganz sicher hatte ich einen ... religiösen Traum
und hörte darin einen Ruf, der sich
jetzt der Erinnerung versagt.
Aber er kommt wieder. Und ob er wiederkommt!

Ich und Gott, wir spielen Versteck miteinander:
Er versteckt sich hinter meinem Traum, ich,
wie mein ganzes Leben lang, hinter der Realität.

Wenn also Gott sich in diesem Traum versteckte,
warum schäme ich mich dessen so sehr?

PFARRER
Guten Tag …

VATER
Kommen Sie, Hochwürden, setzen Sie sich …

PFARRER
Vielleicht habe ich mich etwas verspätet …

VATER
Ach, was! Ich habe viel Zeit und
hielt gerade Selbstgespräche.

PFARRER
Eine schreckliche Hitze, schon heute morgen …

VATER
Wir haben Sommer, Hochsommer; dem Sommer
sind keine Grenzen gesetzt: wir sind mitten
in einem Schwitz- und Sonnenbad …

PFARRER
Wie geht es Ihrer Frau Gemahlin?

VATER
Danke, gut. Sie ist noch ebenso intakt
wie vor zwanzig Jahren, hier in dieser Villa.
Ich meine, sie leidet nicht unter der Hitze …

PFARRER
Beneidenswert. Ich bin ganz in Schweiß gebadet …
Das Herz macht mir zu schaffen.

VATER
Vielleicht … vielleicht auch mir.

PFARRER
Oh! Das mag der Herrgott verhüten! …

VATER
Wie traurig draußen das Land aussieht!

PFARRER
Es ist schon so lange kein Regen mehr gefallen.
Seit Mai ... Immerhin, Ihr Garten ...

VATER
Da, da ist er wieder, im Garten ...

PFARRER
Wer?

VATER
Mein Sohn! Verzeihen Sie ... Mein Sohn
und noch jemand ... noch jemand ...
Welche Fülle von Blond dort draußen!

PFARRER
Ach, die glückliche Jugend ...

VATER
Sie kommen ... Verzeihen Sie, Hochwürden ...
Ich hatte keine Ahnung, daß mein Sohn
schon so bald zurückkommen würde
mit einer Kameradin ...
Sie sind schon da ... Verzeihen Sie, Hochwürden ...
Jetzt brauche ich Sie nicht mehr ... verzeihen Sie ...
Könnten Sie morgen wiederkommen? Um die gleiche Zeit?
Diese Menge von Blond macht mich ganz verwirrt ...
Wer sind sie? Bitte, Hochwürden, wir sehen uns dann
morgen ... Adieu ...

PFARRER
Auf Wiedersehen ... morgen ... und
verzeihen Sie, wenn ich gestört habe ...
Ab

VATER
Wer weiß, woher sie geradewegs kommen.
Ha, ha, ha!
Sie sieht aus wie ein kleiner Bruder,
der noch nicht halbwüchsig ist und

den größeren Bruder verehrt wegen dessen
brutalem Mannesgeheimnis; mein Sohn ist der
größere Bruder, nicht Junge mehr, doch junger Mann;
wirklich ein junger Mann,
zu dem man noch Junge sagen kann
wegen seines dichten Haars und der Reinheit
seiner Wangen.
Groß wie ein Soldat; und er sieht gar nicht danach aus
bei seinen stämmigen massigen demütigen Schultern.

...
Die Religion derer, die bis gestern
meine Väter waren, hat eine neue Wurzel
in meiner Erniedrigung
und bringt neue Frucht.
Es gibt keine Messe, es läuten keine Glocken;
mein Körper hat die Form verloren
zur Gebärde des herrschenden Katholiken!
Verloren!

SOHN
Papa!
Ich dachte, du wärest nicht da, weil du
doch sonst um die Zeit nie zu Haus bist!

VATER
Mir war nicht gut,
so bin ich hiergeblieben ...

SOHN
Das ist eine Freundin ...
Stellt euch selber vor ...
Wir wollten ein paar Platten spielen, wie
immer am Montag, wenn sie keine Schule hat.

VATER
Dann – störe ich – bedauerlicherweise ...

MÄDCHEN
Aber nein! Nein ...

VATER
Du bist also das Mädchen meines Sohns ...

SOHN
Ich habe keine Mädchen ...

MÄDCHEN
Wie haben Sie's aufgefaßt?

SOHN
Was aufgefaßt?

MÄDCHEN
Du sei still! Verleugne mich nicht!
Wie haben Sie's aufgefaßt?

VATER
Sie versuchen ja ... auch mich zu bezirzen
und würden den Sohn mit dem Vater betrügen.
Mit einem Blick nahm ich die Herausforderung an,
und mit einem Blick gaben Sie sich besiegt.

MÄDCHEN
Alles in weniger als einem Augenblick?

VATER
Es genügten ... nun ... ein, zwei ...
vier Blicke und ein »Nein«.

SOHN
Wir wollten doch Platten hören ...

MÄDCHEN
Bist du denn auf deinen Vater eifersüchtig?

SOHN
Schön, dann eben keine Platten ...

VATER
Hört sie euch nur an, ich gehe ...

MÄDCHEN
Nein. Bleiben Sie, wir unterhalten uns gern.

VATER
Worüber?

MÄDCHEN
Über alles.

VATER
Was soll euch denn all das Reden?
Laßt doch die Armeleutekinder reden, auch die
Kinder ehrgeiziger Spießbürger; euch fordert man
nicht zu reden auf, sondern zu sein, und basta!

MÄDCHEN
Das sagen Sie wohl zum Spaß!

SOHN
Überhaupt nicht, er meint es im Ernst:
es ist das Fundament seiner Philosophie.

VATER
Nein! Es war doch Spaß. Was ich gestern im Ernst
sagte – insofern hast du recht – das sage ich heute zum Spaß.
Warum? werden wir beide, du und ich, nie verstehen.

MÄDCHEN
Ich will es aber verstehen.

VATER
Soll's weiterhin Spaß sein,
oder soll ich mit dem Ernst beginnen?

MÄDCHEN
Weiterhin Spaß!

VATER
Nein. Denn ich bin bedingt durch meinen Scherz, und
darin ist meine Wahrheit (die ich übrigens nicht kenne).

MÄDCHEN
Dann also im Ernst ...

VATER
Sie wollen mich wohl ertrinken sehen

in einem Meer von Lächerlichkeit!
Ich konnte noch nie ernsthaft reden ...

MÄDCHEN
Dann also weder Spaß noch Ernst!

VATER
Gut, so will ich es halten.

SOHN
Mein Vater entwickelt sich zum Problemwesen.

MÄDCHEN
Dann ist er doch kein Bürgerlicher mehr, wie du behauptest.

SOHN
Erst mal sehen, was für Probleme ...

VATER
Religiöse Probleme ...

SOHN
In deinem Alter!

VATER
Mein Alter kenne ich nicht genau. Tatsächlich
muß ich zwischen vierzig und fünfzig sein: aber
ich bin zurückgeblieben. Unbewußt bin ich nicht
dein Altersgenosse, bin nicht mit dir gemeinsam
in den Ankleideräumen der Sportplätze, laufe
nicht mit dir gemeinsam den Mädchen nach ...

SOHN
So was erzählt man sich in deinen zopfigen Konversationen.

VATER
Und du machst langweilige Polemik.

MÄDCHEN
Sieht denn euer wahres Verhältnis so aus?
Es geht doch um eine Liebe zwischen euch beiden:
ich habe damit bestimmt nichts zu tun ...

VATER
O nein, so sind unsere wahren Beziehungen nicht!
So dumm ist das Leben nicht!

SOHN
Aber ich bin jung
und habe mein Recht auf Naivität; und meinen
Anspruch auf den Konformismus des rebellischen Sohns!

MÄDCHEN
Was dir dein Vater gar nicht verwehrt.

VATER
Bis gestern hab ich's ihm noch verwehrt;
heute sicher nicht. Es gibt keinen Rausch, der mehr
berauschte, als die Freiheit der andern zu
genießen.

MÄDCHEN
Dein Vater ist viel intelligenter als du.

SOHN
Und ich werde viel intelligenter sein als mein Sohn.

VATER
Nein, ich habe nur auf einmal die Rechte
eines Gottgeführten!

SOHN
Was? Bis gestern warst du doch noch liberal. Das Leben
war eine Wette. Seneca hast du zitiert, du liebtest Proust.
Aus Vorrecht warst du intelligent ... nicht aus
diesen neuen Rechten ...

VATER
Mein Leben hat sich geändert.

SOHN
Warum?

VATER
Vielleicht, weil es zu lange es selber war; und,
weißt du, manchmal reicht dazu schon ein Traum.

MÄDCHEN
Und was heißt das, Rechte aus Religion haben?

VATER
Ich sagte es doch: sich berauschen
an der Freiheit anderer.

MÄDCHEN
Und?

VATER
Sich danach benehmen ... Zum Beispiel ... quälen
wollen oder gequält sein wollen!

MÄDCHEN
Warum diese Sucht nach Schmerz?

VATER
Warum fragen Sie mich soviel?
Ich bin nicht Ihr Lehrmeister ...

MÄDCHEN
Verzeihung ...

VATER
Sie baten mich um Verzeihung wie eine Hure.

SOHN
He! ...

VATER
Ja, Ihr Verhalten mir gegenüber hat die
abstoßende (abstoßende, weil mitleiderweckende)
Naivität einer Hure. Aber ich – vielleicht nicht
im Wachzustand, gewiß aber im Traum –
ich liebe Sie nicht. Begreifen Sie's nicht?

MÄDCHEN
Ich nicht ...

VATER
Versteht man das Leben als Wette (wie mein Sohn so
gut sagte), hat man für keinen Mitleid und Liebe,

der nicht unsere eigenen Interessen teilt.
Aber irgend etwas in mir ist zerbrochen.
Für mich ist das Leben keine Wette mehr ...
es ist ein Stummel ... eine Erinnerung ... ich weiß nicht, was.
Also kann ich jetzt Mitleid und Liebe für die andern haben:
wie sie die haben, die Ärgernis erregen.
Wieviele Menschen brachte ich zu Tränen und Leid,
ohne zu hassen! Brachte sie zu Tränen und Leid
nur, weil ich der Herr war.

MÄDCHEN
Und warum hassen Sie mich jetzt, wenn auch etwas gequält?

VATER
Ihr Auge zuckt schon, weg ist Ihre Kleinmädchenfrechheit aus einem flotten Roman, weg Ihre heuchlerische Schau, die Ihnen die Gleichberechtigung verschaffte. Ha, ha, ha!

MÄDCHEN
Warum hassen Sie mich? Antworten Sie.

VATER
Sollte ich Sie vielleicht lieben wegen Ihrer Unschuld
an der Seite meines ebenso unschuldigen Sohns?
Wie das nach Lilien duftet und nach Linkspresse!
Ich hasse dich nicht, Schätzchen, wegen dem, was du bist oder sagst:
aber wegen dem, was du tust. Religion ist Praxis.

MÄDCHEN
Was tue ich denn?

VATER
Bei meinem Sohn bist du.

MÄDCHEN
Und?

VATER
Und jetzt wirst du rot, und deine Augen

flackern noch mehr ...
Hast du was vor mir zu verbergen?

SOHN
Papa! Jetzt reicht es aber!

MÄDCHEN
Nein, ich verberge es nicht: ich und Ihr Sohn,
wir gehen zusammen ins Bett!

VATER
Das sind die Worte. Und die Realität?

MÄDCHEN
Die Realität ...

VATER
... ist nicht zu sagen, sie ist nur darzustellen.
In der Realität tust du Schändliches ...
mit meinem Sohn. Wie kann ich das zulassen!

MUTTER
Was geht hier vor? Man hört
euch schreien bis in den Garten!

VATER
Siehst du das Hürchen hier? Das Hürchen
unseres Sohnes!

MUTTER
Könnte man nicht eine so ... private
Angelegenheit übergehen?

VATER
Keineswegs: denn auch du, Mutter, gehörst
mit mir zu der Welt, die sie schänden, wenn sie
sich in irgendeinem Winkel betasten und
küssen oder gar behupfen wie die Hunde.
Sie schänden uns, und mit ihrem Tun schließen sie uns
aus.
Fühlst nicht auch du dich damit ... gehörnt?

MUTTER
Ge . . . Solche Ausdrücke hast du noch nie gebraucht!

SOHN
Er hat sich eines Bessern besonnen . . .

VATER
Sag mir doch, wenn du den Mut aufbringst, da du schon soviel Mut hast, ob du auch zufrieden bist mit dem Körperteil unseres Sohns, den du uns stiehlst!

MÄDCHEN *weint*

VATER
Fort mit dir! Verschwinde aus diesem Haus!
Du dachtest wohl, Verständnis und Verzeihung zu finden?
Verschwinde! Laß dich hier nie wieder blicken!
Mädchen und Sohn ab

MUTTER
Was ist denn in dich gefahren?

VATER
Ich habe . . . eine Szene gemacht!

MUTTER
Im vollen Ernst, ohne jeden Humor?

VATER
Genau dies.

MUTTER
Und ohne echte Leidenschaft, die ja
gewissermaßen alles rechtfertigt,
auch Szenen?

VATER
Ich habe die Vorschriften des Anstands
und meines Gefühls übertreten:
da hast du recht.
Und so kann man nicht von mir sagen:

der Heuchler hat das Hürchen seines Sohns
aus dem Haus gejagt; und auch nicht:
in einem Ausbruch von Leidenschaft hat er's getan.
Welcher Leidenschaft eigentlich?
Skandale, das weißt du genau,
bringen manchmal Prestigegewinn
mit jenem Hauch von Geheimnis ... den die Liebe
(Fall für Fall) nun mal an sich hat. Aber mein Fall
ist das nicht. Meiner ist brandneu und gefällt nicht; und
bin ich jetzt ein wenig ironisch, dann bin ich's
nur vor dir, und weil's mir leichtfällt.
In Wirklichkeit bin ich ganz und gar ernst.
Das Mädchen habe ich im Ernst gefeuert: der Schmerz
betäubt mich noch, und ich wanke wie ein Blinder.

MUTTER
Und jetzt?

VATER
Spüre ich Tränen und Würgen
in Augen und Mund;
laß mich bitte allein, wenn ich mich übergebe.
Du weißt doch, daß ich seit kurzem
Selbstgespräche halte!

MUTTER
Willst du nicht einen Arzt konsultieren? Du
bist vielleicht nur abgespannt – ein ganzes Leben
hast du gearbeitet, ohne dich zu schonen ...

VATER
Wäre mir damit geholfen?
Einen Arzt holen ist doch auch shocking, weil
die Leute nichts wissen sollen. Du kannst mich
unbesorgt alleinlassen ... mir geht's schon besser ...

MUTTER
Gut ... dann gehe ich und bin auch allein.
Ab

VATER

Vater unser, der Du bist im Himmel,
ich war mein Lebtag noch nie lächerlich.
In meinen Augen hatte ich immer einen Funken Ironie.
Vater unser, der Du bist im Himmel: da
steht ein Sohn von Dir, der Vater auf Erden ist . . .
liegt auf der Erde, wehrt sich nicht mehr . . .
Befragst Du ihn, will er Dir antworten.
Er ist redselig. Wie alle, die, unglücksgewohnt,
gerade ein Unglück erlitten.
Es drängt ihn sogar zu reden:
und er redet zu Dir, auch wenn Du ihn gar nicht befragst.
Wieviel vertane gute Erziehung!

Noch nie in meinem Leben hab ich mich unschicklich benommen.
Ich wahrte Abstand zu den Dingen, wußte zu schweigen.
Verteidigte mich erst mit Ironie, dann mit Schweigen.

Vater unser, der Du bist im Himmel:
ich bin zum Vater geworden, das Grau der verblühten
Bäume, nun ohne Frucht, und das Grau jeder
Sonnen- und Mondfinsternis schützt mich durch Deine Hand.

Schützt mich vor dem Skandal und schützt mich davor,
den andern meine verlorene Macht zum Fraß vorzuwerfen.
Gott, ich gab noch nie den Schatten eines Skandals.
Ich war gesichert durch meinen Besitz, durch die
Praxis des Besitzes, und eben das machte mich
ironisch, schweigsam, endlich unangreifbar wie mein Vater.
Jetzt hast du mich verlassen.
Ach, ich weiß genau, was ich an dem
verdammten Nachmittag träumte! Ich träumte von Dir.
Darum hat sich mein Leben verändert.
Da ich Dich also habe,
was mach ich nun mit der Angst vor der Lächerlichkeit?

Meine Augen wurden zu komischen nackten Lampen
meiner Wüste und Trostlosigkeit.

Vater unser, der Du bist im Himmel!
Was soll ich nun mit meiner guten Erziehung?
Ich will mit Dir schwätzen wie ein altes Weib oder
ein armer Arbeiter vom Land, schier nackt beim
Gedanken an die paar Groschen, die er verdient
und gleich seiner Frau gibt und selbst groschenlos
bleibt wie ein Junge, trotz seiner grauen Schläfen
und der grauen weiten Hosen alternder Menschen ...

Ich will mit Dir schwätzen ohne jede Scham,
wie die Geringen, die Dir so teuer sind.
Ist Dir's recht? Ich vertrau Dir meinen Schmerz an;
und hier warte ich auf Deine Antwort,
wie eine arme, brave Katze unterm Tisch
auf die Reste wartet: ich sehe, starre Dich an
wie ein staunendes Kind, das kein Benehmen hat.

Der gute Ruf, daß ich nicht lache!
Vater unser, der Du bist im Himmel,
was soll mir der gute Ruf und meine Vorbestimmung
– die eins schien mit meinem Körper, meiner Haltung –
mich nie und nimmer in der Leute Mund zu bringen?
Und was soll mir diese, vor allem Unvorhergeseh'nen
so wohlbewahrte Person?

Vater unser, der Du bist im Himmel,
an Dich muß ich mich also wenden,
wenn ich mein sublimes Grau für immer verlasse!

3. Episode

MUTTER
Warum ist er nur so?

PFARRER
Wie meinen Sie das?

MUTTER
So versessen auf Sie ... und auf Religion ...

PFARRER
Warum, war er das früher nicht?

MUTTER
O doch, gewiß: natürlich war er gläubig.
Wie ich auch. Seitdem wir auf der Welt sind, glauben wir
und hassen sogar jeden Ungläubigen.
Aber es so weit zu treiben ...

PFARRER
Darüber darf man sich nur freuen.

MUTTER
Aber er geht gar nicht mehr ins Geschäft! Sie wissen,
er war einer der wenigen Mailänder Industriellen,
die noch selbst etwas tun.
Sein Arbeitstag war der seiner Arbeiter;
und seinen Angestellten war er wie ein Kollege.
Er wußte, wieviel jeder verdient, wer
einen Wagen hat und wer nicht, wer
in den Ferien verreisen kann und wer nicht,
weil er vielleicht zuviele Kinder hat. Er wußte,
wer mehr als das Notwendige besitzt.
Er arbeitete wie die andern, mehr als die andern.
Wie sein Vater, nach alter Art, und

deshalb, sagte er, war seine Industrie
von allen die jüngste – die
menschlichste – mit Abendkursen
für die Arbeiter und Kindergärten
für ihre Kinder. Und jetzt?
Jetzt betet er zu Gott, geht nicht mehr in die Fabrik.
Wenn er wenigstens nur betete!
Er ist krank, nur ein Kranker kann sich so benehmen!
Er zieht sich nackt aus und liegt im Dunkeln
stundenlang nackt auf dem Boden.
Vor dem Schlafengehen und vor Tagesbeginn
tausend Zeremonien, wie ein Wilder; als sei
Gott ein Ding, das man beschwören könne.
Sein Beten ist wie eine Pflichtübung. Er betet im Akkord.
Wie um etwas zu vergessen, mit Rauschgift.
Er hält die Augen geschlossen und
öffnet sie nur, um sich zu übergeben.
Den ganzen Morgen, den ganzen Abend geht das so.
Sein Zimmer verläßt er nur, wenn unser Sohn
zu Hause ist, und nur, um ihn zu quälen ...

PFARRER
Das ist eben seine besondere Art,
Gott zu bezeugen, seine Hilfe zu erflehen ...

MUTTER
Einen Arzt sollte man holen, nicht einen Pfarrer!

PFARRER
Ich komme, weil er mich zu sehen wünscht,
und sonst käme ich auch ...
Aber jetzt muß ich fort, gnädige Frau:
Religionsunterricht. Die Kinder erwarten mich.

MUTTER
Ach, ich vergaß, wir sind ja noch auf dem Land.
Wir kamen nur auf ein Wochenende,
jetzt sind wir schon drei Monate hier.
Wer weiß, wie lange noch!

VATER *hereinkommend*
Wo ist der Junge?

MUTTER
Drüben. Er ist eben nach Hause gekommen.
Ich schicke ihn dir gleich.

VATER
Soll ich's euch sagen?
An allem ist Gott schuld.

Mutter und Pfarrer ab

SOHN
Da bin ich, Papa. Was gibt's?

VATER
Ich wollte dich nur mal sehen.

SOHN
Ich bin doch immer da.

VATER
Nein, du bist nie da ... Du bist immer weg.

SOHN
Morgens bin ich in der Schule und abends im Kino,
in diesem verdammten Nest, wo's sonst nichts gibt.

VATER
Es stimmt nicht, du fehlst mir immer. Wenn ich
morgens aufstehe, bist du nicht da. Dann muß ich
in meinem Zimmer bleiben, mit geschlossenen Augen,
weil ich sonst sehen würde, was ich nicht sehen sollte.
Abends warte ich auf dich, aber du kommst nie.
Du willst nur immer fort!

SOHN
Das ist doch nicht wahr, Papa, das ist nicht wahr!

VATER
Es ist schon wahr. Du kannst es nicht wissen,

weil du ja fort bist und nicht hier wartest.
Du weißt, wo du bist, aber ich nicht.

SOHN
Eben habe ich dir gesagt, wo ich bin.

VATER
Wie kann ich dir glauben?

SOHN
Was sollte ich denn sonst tun?

VATER
In deinem Alter kann man so viel tun,
und gerade, was man nicht tun soll.

SOHN
Was denn?

VATER
Laß es mich nicht erst sagen! Es wäre grausam,
wo es deinem Vater nicht gut geht, wo er allein ist
mit seinem Gott, der ihn nicht anhört, wo er die Augen
nicht offenhalten kann, ohne zu weinen und sich zu
übergeben.

SOHN
Das weiß ich ja, und ich hab dich auch gern und
geh wieder zur Schule, wie du gewollt hast.

VATER
Warum?

SOHN
Um dir einen Gefallen zu tun.

VATER
Aber ich bin doch kein alter kranker Mann!
Du tust mir einen Gefallen, um mich loszuwerden.
Und wo es mir jetzt nicht gut geht,
wo ich ein verstoßner Vater bin – kein Vater mehr,
jetzt fast Sohn, Mann ohne Manneskraft, der

nicht mehr arbeitet und kämpft, weil er unfähig ist –
jetzt, sag ich, kannst du leicht wieder in die Schule gehen
und auch dein Privilegiertendasein auf dich nehmen!
Brauchst dich nicht mehr deinem Vater zu widersetzen!
Einer von den beiden Rivalen ist tot – *ich*!
Mit wem hättest du zu kämpfen?

SOHN
Angenommen, es stimmt! Ist das nicht die Realität?
Zu der wohl oder übel auch Mitleid gehört?

VATER
Aber ich will kein Mitleid, Dummkopf!
Hast du nicht selbst einmal gesagt, an einem
Sonntagnachmittag im Garten (ich muß die Augen
schließen,
weil ich mich sonst erbreche, wenn ich davon rede),
hast du mir da nicht gesagt: Werde du wie ich!
Ich will sein wie du. Und wer wie du ist
– das weißt du genau – verträgt kein Mitleid!

SOHN
Aber du erweckst doch welches! Woher soll ich den
Mut nehmen, es abzustreiten, vor mir abzustreiten?
Und woher nimmst du den Mut?

VATER
Sag mir nicht so was – ich bin krank!

SOHN
Ach! Von was für einer Krankheit sprichst du denn? . . .

VATER
Du glaubst es nicht? Ich kann nicht daran
denken . . . Ah, aaaaaaah, Hilfe, ich muß mich
übergeben, ich falle . . . aaaaah!

SOHN
Papa! Das ist Theater, wir wissen's doch beide.

VATER
Theater?

SOHN
Ja, du spielst Theater, um mich zu erpressen.

VATER
Warum sollte ich dich erpressen wollen?

SOHN
Das weiß ich doch nicht! Ein Rätsel.

VATER
Erinnerst du dich, wie du noch klein warst? (Es
sind erst zwei, drei Jahre her.) Und du
ein Messer wolltest? Ein Indianermesser?
Damals schenkte ich's dir nicht, aus Angst, du
könntest dir weh tun ... Aber jetzt bist du groß:
wenn noch ein bißchen in dir steckt von dem kleinen Jungen,
dann will ich dir heute dies Geschenk machen. Hier!
Ich hab's kaufen lassen. Gefällt's dir? Es ist das
Messer von Kociss oder Buffalo Bill. Weißt du noch?

SOHN
Ja, genau das! Danke, Papa!

VATER
Gefällt's dir denn wirklich?
Oder lächelst du nur aus Mitleid mit mir?

SOHN
Ach was, ich freue mich wirklich!

VATER
Kann ... kann ich dich jetzt um etwas bitten?

SOHN
Was denn ...

VATER
Du machst schon wieder ein Gesicht –
ich kann dich um nichts bitten ...

SOHN
Wie oft soll ich's dir noch sagen, daß ich
mir wirklich Mühe gebe, dich zufriedenzustellen!

VATER
Dann komm heute abend früher nach Haus:
um sieben, um Punkt sieben ...
Verstanden? Du kannst auch
jetzt schon fortgehen, damit du
um Punkt sieben wieder hier bist!

SOHN
Warum denn? Wenn du willst, bitte! Aber warum?

VATER
Tu's einmal, ohne zu begreifen ...

SOHN
Na, schön ...

VATER
Und noch etwas ... Komm dann bitte
gleich in mein Arbeitszimmer,
gleich zu mir und bleib etwas bei mir.
Ich schicke deine Mutter fort,
so sind wir beide im ganzen Haus allein.

SOHN
Na gut, also wie jeden Abend,
wenn ich dir gute Nacht sage ...

VATER
Gefällt dir das Messer? Versuch doch mal,
es aus der Scheide zu ziehen ...

SOHN
Hübsch ... Das hatte ich mir lange gewünscht.

VATER
Versuch mal ...

SOHN
Fängst du wieder von vorn an?

VATER
Nicht doch! Jetzt war's nur ein Scherz ...
Geh nur – geh, du mußt früher
zurück sein ... wie willst du sonst
deine Freiheit genießen?

SOHN
Dann geh ich eben nicht ...

VATER
Doch! Geh, geh, geh ... das Messer in der Tasche
wie Don José. Geh jetzt, ich möchte
allein sein und – beten.

SOHN
Wie du meinst, Papa. Bis heute abend, Papa ...
Ab

VATER
Ja, beten ... eine der vielen geschmacklosen, vulgären
Lösungen, die mir meine Gesellschaft bietet,
da sie doch in mir lebt:
He! Du, Sohn!
Jetzt müssen wir genauer miteinander abrechnen
– ich und du; müssen uns unweigerlich messen
an meiner Geschmacklosigkeit und Vulgarität!

4. Episode

VATER
Wieviel Uhr ist es denn?

MUTTER
Noch nicht viertel vor sieben.
Ideen hast du . . .

VATER
Ruhig! Sei still!
Was sind schon wir beide?
Was könnten wir denn Bessres tun?
So vulgär wir in den praktischen und normalen
Dingen sind – was uns Zinsen und Produkte beschert –
so vulgär betreiben wir auch
die idealen und unnützen Dinge:
die doch nichts andres als Spirituelles einbringen
(wie das Beten) und ganz und gar sinnlos sind
– wie das, was wir eben tun.
Gibt es etwa einen Unterschied zwischen einem
normalen katholischen und einem
verrückten katholischen Industriellen?
Sagt niemand etwas,
dann merkt niemand etwas.
Auch weil die Leute, die aus der Nähe oder Ferne urteilen,
doch keinen andern Maßstab kennen als die gewohnte
Vulgarität.

MUTTER
Wann hörst du nur mit diesem grausigen Spiel auf?

VATER
Wieso?
Seit ich dich heiratete, seit jener ersten Nacht

liebten wir uns regelmäßig im Bett; und
regelmäßig nachts. Heute tun wir's in der
Dämmrung auf dem Teppich meines Arbeitszimmers ...
und die Tür ist nicht einmal verschlossen ...

MUTTER
Das ist doch absurd ...

VATER
Ebenso wie ich verrückt bin, gewiß: aber auch
nicht anders als zu meinen normalen Zeiten.
Wie oft haben wir uns ohne Notwendigkeit betrogen:
bürgerlichem Brauch gemäß. Dreiecksverhältnisse
mit fremden Ehefrauen und Ehemännern, mit Leuten,
deren Körper billig ist, Hure oder Chauffeur
– das war doch ganz normal.
Jetzt kommt nur die Verrücktheit dazu:
ich will dich mit dir selbst betrügen.
Hast du was dagegen?

MUTTER
Das ist doch idiotisch.

VATER
Aber schön. Mit dir bei Tage,
betrüge ich dich bei Nacht;
mit dir nackt auf einem Teppich,
betrüge ich dich im Nachthemd und im Bett;
mit dir unter mir bei offener Tür,
betrüge ich dich unter mir bei geschlossener Tür.
Dazu das ungekannte Licht frühherbstlichen
Sonnenuntergangs. Punkt sieben.

MUTTER
Aber wenn jemand kommt und die Tür aufmacht ...

VATER
Wer denn?

MUTTER
Einer von den Dienstboten ... unser Sohn ...

VATER

Oh, ein Dienstbote sieht nichts ... Und unser Sohn
ist jetzt bekanntlich ... wer weiß, wo! Hast du
jemals erlebt, daß er um sieben schon da war?

Ein Risiko ist objektiv nicht vorhanden:
nur als Idee. Aber stell dir vor, wie berauschend
diese Idee, gesehen zu werden,
während ...
Augen, die uns zufällig sähen, ich weiß, sie sähen nur
Natürliches, und mit natürlicher Scham würden sie sich
zu Boden senken oder höchstens ein Lächeln haben.
A b e r f ü r u n s s e l b s t! ...

MUTTER

So etwas kann ich nicht einmal hören ...
Glaube nicht, daß ich dir eine Verbündete bin,
ich täte es nur dir zu Gefallen, weil es
dir nicht gut geht ...

VATER

Was das betrifft ... muß ich mich nachher auch um dich
kümmern und mich endlich fragen, wer du eigentlich bist ...

MUTTER

Oh!

VATER

Ich nehme dieses Problem als Vorwand, denn
wenn ich mit dir spreche, zwingst du mich,
g e w i s s e Dinge zu sagen und nicht andere.
Meine Liebe, wir sind Persönlichkeiten des öffentlichen
Lebens.

So hatten wir ein schönes Dasein – werden es
auch weiterhin haben – weil man uns schließlich
nicht verdächtigen kann: da sind wir
sogar besser geschützt als Könige.
Wir werden auch weiterhin leutselig und untadelig,
doch nie übertrieben elegant auf Kunstdruckpapier

erscheinen, Höhepunkte, aber nicht
kompromittierende, eines fast mönchischen Lebens.
Sollte ich mich darüber beklagen?
Oder in anderer, nicht gebührlicher Weise davon reden?
Mit dir jedenfalls kann
ich von anderm nicht reden
(es sei denn im Scherz).

MUTTER
Danke.

VATER
Was machst du denn jetzt? Worauf
wartest du noch? Es ist gleich sieben.

MUTTER
Nein! Ich habe mich entschlossen, dir nein zu sagen.
Hast du solche Probleme, das sag ich dir kurz und bündig,
mußt du allein damit fertig werden ... Beim besten Willen ...

VATER
Du tust also nicht, was ich von dir will?

MUTTER
Nein!

VATER
Sieh mich doch an! Siehst du nicht, daß ich wie ein Kind
– ein krankes Kind bin, das gesund werden möchte? Ich habe
meinen Plan in allen Einzelheiten vorbereitet,
wie ein Jäger, der eine Grube gräbt und Zweige
darüberlegt, um sie zu tarnen, und sich selber
im Gras versteckt und auf das Wild wartet ...
das ahnungslos ... durch die Welt zieht ...
während sein Ende schon beschlossen ist ...

MUTTER
Das Wild werde ich jedenfalls nicht sein.

VATER
Aber nein, nein! Ich sprach doch nicht von dir, meine Liebe!
Du warst nichts andres als der Zweig über der Grube ...

MUTTER
Um so besser.

VATER
Ich bitte dich um unsrer alten noch übrigen Liebe ...

MUTTER
Den ich liebte, der war doch ein Mann
mit ausgeprägtem Sinn für Humor, der auch wußte,
was Schweigen wert ist; unangreifbar; ausgewogen;
über den die Leute, wie du ja vorhin sagtest,
nichts andres zu reden hatten, als was er selber wollte ...

VATER
Dann hab wenigstens etwas Mitleid mit mir ...

MUTTER
Ja, das ...

VATER
Reicht das nicht?

MUTTER
Nein. Du weißt doch genau, es ist
ein schwaches Gefühl, das zunächst
dem zugute kommen muß, der es aufbringt.
Gottlob, ich sehe, du lächelst ...

VATER
Ha!
Sag: Wer gab dir die Erleuchtung?
Wer trieb dich zu dieser Ablehnung? Zu diesem »Nein«?
Herrlicher Augenblick deiner Gehorsamsverweigerung!
Du ... hattest nichts damit zu tun. Wie dumm von mir!
Du warst ja an dieser Sache ganz unbeteiligt!
Ich brauchte dich als unnötiges Mittel zum Zweck!
Und durch den Gedanken an dies Mittel zum Zweck ...

rechtfertigte ich mein Vorhaben ... Aber da jetzt
das Vorhaben entstehen konnte ... und Gestalt annahm ...
wirst du als sein Vorwand
nicht mehr gebraucht ...
Punkt sieben steh ich allein hier.

MUTTER
Besser so ...
Ab

VATER
Ja, also
da am Ende des leeren Gartens
wird er jetzt bald erscheinen.
Warum habe ich ihn eigentlich so gern?
Warum tue ich eigentlich dies alles?
Wär's nicht wegen seiner Jugend, der stets
dunklen, mit ihrer unschuldig-geduldigen
Kraft, ihrem uneingestandnen Trieb nach
Befruchtung, der den Jungen so jung
macht und männlicher als einen Mann;
wär's nicht wegen dieses barbarischen Blonds,
das ihm wie ein einsamer Quell über
die Stirn fällt – dieser kindlichen Mähne,
mag sie nun angestaubt oder sauber
sein und wie Seide fallen ...
dann wär er nur irgendein Mann: ja, ein ganz
gewöhnlicher, banaler Mann! Ich und er, wir
sind einander gleich. Zwei gewöhnliche Männer.
Denn als Mann ist er nicht sehr viel besser als ich,
er hat auch seine Unsicherheiten, er
ist ein Sohn, der dem Vater gleicht, er
ist im Grunde schon alt, wie immer die
Söhne besitzender Väter. Insoweit als Mann.
Doch als Junge ...
Da, er kommt schon
hinten im Garten, nur immer dort,
hergeführt von seinem Gehorsam, von

seiner Pünktlichkeit! Ist es denn möglich, daß
die Barbaren, immer drauf und dran, über die
Ebenen und die Flüsse entlang zu verschwinden,
zurück in ihre Heimat mit den befreundeten Hengsten
und ihren Gefährten, die noch viel wilder sind ...
ist es denn möglich, daß die Barbaren,
die doch soviel Leid verursachen,
pünktlich sein können?
Und gehorsam? Und in Ergebenheit treu?
Da kommt er also, wie er mir versprochen hatte.
Und trägt sein ganzes barbarisches Geheimnis
im einfachen Schritt seiner Rückkehr; kommt
pünktlich zur rechten Zeit, er, der doch keine
Zeit hat, den die Anmut beschenkte, der sich alles
erlauben könnte, er öffnet das Tor, schließt es,
geht durch den Garten,
durch die kühle Luft des frühen Herbstes, der uns vereint,
geht aufs Haus zu, kommt zu mir!
Aber er weiß nicht, wie er hier seinen Vater trifft ...
In seinem unbefleckten trotzig-konformistischen Schädel
existiert ganz gewiß nicht die mindeste Erwartung
auf einen nackten Vater, bereit zur Kopulation,
ohne Mutter unter ihm. Doch so findet er mich
und sieht mein Geschlecht ... dessen Funktion demnach
rein sein wird ... ohne Nützlichkeit ... wie bei den
Masturbationen des Jungen also ... wenn er in seiner
Faust ein Vatergeschlecht spürt, ohne das Privileg
und ohne die Pflicht zur Befruchtung,
wie ein großer schattenloser Baum.

5. Episode

KOMMISSAR
Da haben wir den jungen Mann, weit ist er nicht gekommen.

VATER
Danke, Herr Kommissar.

KOMMISSAR
Im Bahnhof von La Spezia haben wir ihn gefunden.
Halb tot vor Kälte, wie alle Jungen, die von
zu Hause weglaufen. Da gehört auch
ein Junge nicht hin aus so einer Familie
wie der Ihren! (Nicht wahr, Bürschchen?)
Diesmal hast du eben Pech gehabt. Na,
hoffen wir, daß dir die Kälte gewisse
Flausen für immer vertrieben hat ...

VATER
Danke, Herr Kommissar.

KOMMISSAR
Und das übrige ... die Formalitäten ...

VATER
... erledigen wir später ... mein Anwalt
wird zu Ihnen kommen ...

KOMMISSAR
Gut ... In Ordnung ...
Ab

VATER
Also ist er wieder da, unser gescheiterter
Don Quijote von der Anmut!

SOHN
Ich war die ganze Nacht unterwegs,
jetzt möchte ich ins Bett.

VATER
Ha, und wo ist dein Geheimnis geblieben?
Ich kann in dich hineinsehen wie in mich selbst.
Schwierigkeiten, erbärmliche Komplexe, Prosa.
Probleme hast du, nicht Anmut.
Dein Körper ist schwer.
Kein Fliegen in der Schwerelosigkeit geheimnisvoller
Söhne.
Schwerfällig wiederholst du mich in der Welt. In Mailand.
Von Mailand bis Brianza. Gewissensprobleme.
Konventionelle Ausdrucksweise auch noch im Anarchismus
des Sohnes, der die Väter samt ihrer Gesellschaft verachtet.
Guter Wille. Mangel an Talent und etwas Verrücktheit.
Das Leben, die künftige Ordnung. Die Stirn gezeichnet vom
Atem aus menschlichen Nächten: arme verflossene Nächte
– dessen, der König sein könnte unter den Sternen –
im Innern trister Provinzbahnhöfe, unter Bündeln Gepäcks.
Die Demütigung des Lebens erlebst du zur Gänze!
Ganz wie ich. Ich erkenne dich wieder!

SOHN
Ist das deine Schlußfolgerung?

VATER
Nein. Ich will anders als ein Vater gehaßt werden.

SOHN
Das kann dir keiner verwehren.

VATER
Erst mal dein blondes Haar. Jedes ein Fallstrick
von schneidendem körnigem Glanz ...
dieser Rauhheit im Leuchten ...
Wenn eine Hand darüberfährt, so sieht es aus,
muß sie zerkratzt, zerschnitten werden – wie
wenn man aufs Eis fällt ... Von wem hast du dies Haar?

SOHN
Ganz gewöhnliches Haar. Denn du hast ja recht:
ich habe mir ein Kleinbürgerleben gewählt
mit seinen ungelösten Moralproblemen,
seiner Prosa, seinem lächerlichen
Adel ohne Qualität.

VATER
Außerdem kenne ich dich nicht . . .

SOHN
Sprich nur. Oder hast du Angst?

VATER
Gürtelabwärts kenne ich dich nicht.
Davon hast du mir nie etwas gesagt.
Vielleicht liegt's an dem; wer du da bist, weiß ich nicht.

SOHN
Du willst jede Grenze überschreiten, das weiß
ich, aber da folge ich dir nicht!

VATER
Laß das Schreien. – Jede Grenze überschreiten?
Mag sein, daß wir sie noch gemeinsam überschreiten.
Siehst du, auch ich habe meinen Sohneszustand, meine Jugend
gehabt. Und gehabt haben heißt verloren haben.
Nicht jung sein, was bedeutet das eigentlich?
Ach, ganz einfach Kind sein!

Angesichts deiner Jugend voller
Samen und Begierde zur Befruchtung
bist du also der Vater.
Und ich das Kind.

Ein armes almosenheischendes Kind,
das nicht weiß, was Jugend ist und ihre Lieben,
weil es sie erst erfahren muß: und
beschämt ist über seine Unfruchtbarkeit,

als wäre sie Schuld oder Ausschließung.
Ich stehe zu Füßen deiner Jugend und
frage als Impotenter nach ihrer Potenz.
Dort zu Füßen deiner Jugend, wo sie am meisten Jugend ist:
dies schreckliche Blond
und dein Körper gürtelabwärts.
Das will für gewöhnlich ein Vater beim Sohn
nicht sehen und
haßt ihn darum: doch ich liebe dich darum, ich
degenerierter Vater! Hab die Geduld, die man beim
Kinde hat!

SOHN
Aber jetzt steht doch fest, daß ich nicht der
bin, für den du mich hältst: ich bin wie du,
ich spüre nichts von meiner Jugend, sie beschämt
mich, ich rede nicht davon, ich glaube nicht daran.
Ich erlebe sie im Traum. Und mein Haar seh ich nicht.
Die Liebe ist ein schmerzlicher Sieg,
der mir meine Rechte nie bewußt werden läßt.

VATER
Ach, mein Sohn, das Schamgefühl ist alles.
Was tut man nicht, um es zu verletzen!

SOHN
Mach dir jetzt nicht meine Demütigung zunutze und
meine erzwungene Rückkehr zum Gehorsam!

VATER
Etwas, das so natürlich und allen zu eigen und
doch so erstaunlich und unvorstellbar ist!
Die Bestätigung der allgemeingültigen Regel in
einem unmöglichen, absolut einzigartigen Fall!
Dies weiß ich nicht: wie du deine Scham verletzt, wenn
du sie verletzt – welche Gestalt die Verletzung hat ...
diese kleine natürliche Sache, die doch alle tun,
und von der man sagen kann, daß sie so riesig, so rar ist:
wie der Tod, der nur einmal kommt.

Du, Mann wie ich, entziehst dich mir eben darin:
in dem allzu, allzu natürlichen Begebnis …

SOHN
Ich kann nichts daran ändern.

VATER
Aber ich. Siehst du, die Episode,
die uns soweit gebracht hat, zu
deiner Flucht von zu Hause, zu deiner erzwungnen
Rückkehr,
beruht auf einem Irrtum. Denn ich hätte wissen müssen,
daß der Vater Zwitter ist. Das habe ich nicht bedacht.
Ich folgte dem ersten Impuls, und der ist immer falsch.
M e i n Schamgefühl sollte ja nicht verletzt werden.
Das Vaterszepter war auf dich übergegangen, nur
du durftest es in der Faust halten und schwingen
zum Zeichen der Macht. Ich hatte mir angemaßt,
was ich ja nicht mehr hatte, nicht mehr kundtun konnte!
Und so schrieb ich dir meinen eigenen Wunsch zu,
der dir nicht einmal im Traum gekommen war …
Und nun stehen wir vor einer Umkehrung der Situation,
das heißt einer Vertauschung der Rollen
des Zeigens und Sehens, des Gebens und Nehmens …

SOHN
Ich sag's noch einmal: du willst jede Grenze
überschreiten, aber da folge ich dir nicht!

VATER
Und ich sage noch einmal: laß das Schreien!
Natürlich will ich sehen, wie du bist
als Vater und Herr des Lebens:
Ich reize dich zur Gewalttätigkeit!

6. Episode

VATER

Aaaaah, aaaaaaah,
aaaaaaaaaaaah!

SCHATTEN DES SOPHOKLES

Auf der Neige deiner Wehklage erscheine ich dir.
Natürlich ist es das Wundfieber.
Brichst du deine Klage ab,
entschwinde ich; klagst du wieder,
erscheine ich wieder. Wie ein Stück Fleisch,
gespießt auf die Spitze des Speers, auf dem
das Auge hinauf- und hinabgleitet; wie am Ende eines Stollens
ein Lichtschimmer (Hoffnung? Grauen?),
den man einmal flieht, ein andermal sucht.
Rasch wie der Blitz bin ich da,
hänge am Ende deiner Klage,
armer niedergestochener Mann.

VATER

Wozu?

SCHATTEN DES SOPHOKLES

Um dir zu erklären, was ist.

VATER

Oh, gut, gut! Für meine Ohren, zu hören?

SCHATTEN DES SOPHOKLES

Ich habe Tragödien geschrieben,
wie du weißt – denn du hast sie als Schüler gelesen.
Als Mann vom Theater spreche ich demnach nicht zu dir,
sondern zu deiner Figur:
diesem fiebernden Menschen,

der verbissen klagt.
In Wahrheit komme ich, dir Kunde
zu geben von einer andern Figur ...
diese Figur
ist ein Junge ... ein Junge ...

VATER
Ach, Freund, ja, sprich mir von ihm ... Schickt
er dich vielleicht?

SCHATTEN DES SOPHOKLES
Oh, nein ... wahrhaftig nicht ... Er wird
von dir gerufen werden und folgen;
aus Pflichtgefühl, aus Gewohnheit, aus
Gutmütigkeit, wer weiß das; aber
jetzt weiß er nicht das mindeste von dir
(und will nichts wissen). Nachdem er beim Versuch,
dich umzubringen, dich verletzte mit dem Messer, das du ...
Ich bin aus eignem Antrieb
hier an deinem Lager,
wo du den Schmerz mit Schmerz bezahlst.

VATER
Was hast du mir dann über ihn zu sagen? (Bitte
sage mir nicht allzu Unangenehmes, allzu Schmerzliches.)

SCHATTEN DES SOPHOKLES
Könnte ich dir anderes sagen als die Wahrheit?

VATER
Aber ... ich weiß nicht, ob ich sie wirklich erfahren will.

SCHATTEN DES SOPHOKLES
Du hast doch zwei Ohren und zwei Augen.
Als Theaterautor wende
ich mich an diese, ob du
nun willst oder nicht.

VATER
Aber ich könnte meinen Augen und
Ohren nicht trauen wollen.

SCHATTEN DES SOPHOKLES
Das steht in deinem Ermessen. Im übrigen
bin ich hier mit guten Neuigkeiten
(denn gut ist immer, was verstanden wird).

VATER
Dann sprich ...

SCHATTEN DES SOPHOKLES
Nun: Du versuchst, das Rätsel deines Sohnes
zu lösen. Er aber ist kein Rätsel.
Das sage ich für deine Ohren.

Und um es deutlicher zu machen,
sage ich für deine Augen:

Es war ein goldner Morgen draußen vor einer
kleinen Stadt zu meiner Zeit (besser, zur
Zeit meiner Väter); ein goldner Morgen, so im
Widerspruch zu den tragischen Begebenheiten,
die mit Totengebein einen der tristen
Plätze bedeckten, wo die Städte ihren Müll
hintun, den in der Sonne säuerlich riechenden.
Um die unglückliche Stadt zu retten,
galt es also, ein Rätsel zu lösen.
Ein hoffnungsvoller Jüngling kam – und löste es!
So wurde er zum König erkoren.
Und die Stadt nahm ihr Leben wieder auf, und die
Geschichte konnte ihren Fortgang nehmen.
Aber nach einer Weile stellte sich wieder ein Rätsel
(unwichtig zu wissen, welches),
und der Jüngling, nun Mann und Vater geworden,
konnte dieses nicht mehr lösen ...
Er blendete sich und ging,
einst König, jetzt Bettler.
Denn in einem Leben kann man nur ein Rätsel lösen.
Übrigens, wer dann an seiner Statt die Macht bekam,
bekam sie ohne Verdienste durch

Schlauheit, Trägheit, Zufall, Eitelkeit;
mit ihnen machte die Geschichte keinen Schritt vorwärts ...
Das war die Normalität. Dauert sie lang, zerfällt sie
und bringt neue ekelhafte Ungeheuer heran,
die neue Rätsel aufgeben ... bis ein
neuer hoffnungsvoller Jüngling komme und sie löse ...

Aber warum sage ich dir all diese Dinge?
Weil du nach eines Rätsels Lösung suchst,
um vorwärtszukommen mit deinem Leben und
vielleicht (wenn es viele solcher Söhne
und Väter gibt wie du und dein Sohn) auch
mit dem Leben der Welt.
Doch leider bist du nicht vor ein Rätsel gestellt!
Nicht vor ein Rätsel!

VATER
Was dann? Sag mir doch deine Wahrheit,
deine freudige Wahrheit der Vernunft!

SCHATTEN DES SOPHOKLES
Es handelt sich ja leider nicht um eine Wahrheit
der Vernunft: die Vernunft
ist in der Tat nützlich, um Rätsel zu lösen ...
Dein Sohn aber – noch einmal: darum geht es doch –
ist kein Rätsel.
Er ist ein Geheimnis.
Mutter und Arzt treten ein; Schatten des Sophokles ab

MUTTER
Er klagt ...

ARZT
Das Fieber ...

MUTTER
Meinen Sie, es geht ihm schon besser?

ARZT
Morgen früh können wir mehr sagen ...

Aber die Wunden schließen sich ...
das Fieber ist heruntergegangen ...
Beide ab

VATER
Aaaaaaaah! Aaaaaaaaah!
Aaaaaaaaaaaaah!

SCHATTEN DES SOPHOKLES
Du hast auch schon deine kleinen Rätsel gelöst, darum
hat sich deine Industrie ausgedehnt,
und deine Macht ist gewachsen.
So hast du wohl aus Angewohnheit
(auf der Welt gibt es doch nur
Macht, Geld, Sieg ...)
gedacht, dein Sohn sei
auch ein Rätsel. Und du
wolltest es guten Willens lösen.
Wäre er ein Rätsel, hättest
du es auch sicher gelöst.
Entweder mit der Religion
und mit dem Wahnsinn,
oder, was wahrscheinlicher ist,
eben mit der Vernunft. Ich nicht,
aber du,
du hast den Kult der Vernunft.
Und mit ihr, ich wiederhole es noch einmal, löst man
die Rätsel, die wie ein Fluch das Gelände überwuchern,
das sich breitet zwischen den Menschen und seine Gewalt
über die Wirklichkeit. Die Vernunft hat mit Hilfe der Wissenschaft jahrhundertelang nur immer
Rätsel gelöst, so auch ihr nicht so bedeutender Bruder,
der gesunde Menschenverstand. Du, stöhnender Mensch, bist
reich und an der Macht; du stellst die Welt nicht in Frage;
in dir ist tiefe Rechtschaffenheit; erworben beim Überwinden
aller Schwierigkeiten des Kampfs, aller Widerstände,

die – ich wiederhole – die Welt dem entgegenstellt, der sie will.
Aber Schwierigkeit bringt Schwierigkeit hervor;
und jede Lösung ist vergänglich.
Sag du mir: was nutzte es meinem Ödipus, daß er
das Rätsel enträtselt und die Macht bekommen hat?
Er bekam sie und verlor sie.
Doch, was ich betonen will, er verlor sie und
hatte nichts über das Geheimnis erfahren.
Dein Sohn, sagte ich, gehört in
den Bereich des Geheimnisses.

Ich bin aus eignem Antrieb hier.
Keiner hat mich geschickt.
Keiner wird mich jemals deuten.

Ich bin zu etwas Großartigem
hier: Dir die Wahrheit
zu entdecken und sie für unverletzlich zu erklären.
Da du jetzt weißt, daß dein Sohn Geheimnis ist, was
weißt du jetzt? Besser, was kannst du damit anfangen?
Nichts. Das ist der Spruch oder die Prophezeiung
des Schattens, der auf der Neige deiner Wehklagen
kommt, wieder verschwindet, wieder kommt.
Wir werden weitermachen bis hoch in die Nacht,
bis ins Morgengrauen.
Mutter tritt ein; Schatten des Sophokles ab

MUTTER
Er klagt immer noch ... Ganz heiß ist er ...
Armer Mann, dir schien doch
nur Sicherheit gegeben!
Und jetzt mußtest du uns so etwas antun!
Werde wieder gesund und werde wieder der Alte ...

VATER
Aaaaaaah! Aaaaaaah!
Aaaaaaaaaaaaah!

SCHATTEN DES SOPHOKLES
Ich bin wieder da am Ende deines atemlosen Schreis,
ich bin wieder da.
Verzeih, wenn meine Weisheit ein wenig ironisch ist;
aber so wolltest du mich ja haben,
verderbt durch jahrhundertewährende Ironie, durch
Cervantes, Ariost, Manzoni, ein Held,
der sich absichert, alles herunterspielt,
weil die Vernunft das Geheimnis nicht gelten läßt!

VATER
Ich lasse es aber gelten!

SCHATTEN DES SOPHOKLES
Ja, doch auf dem Weg über die Religion!
Oh, ich weiß wohl, Spiritualismus und Askese
stehen fest nebeneinander auf dem Grund deiner Seele.
Mit andern Worten, der Wille, dich zu retten
mit der Umkehrung deines Machtverlusts
in liturgische Feierlichkeit und Seelengröße!
Den Anstoß zu deiner Wahl
gab dir ein alter Mystiker.
Nun, allein auf dem Weg über die Vernunft könnten
wir das Geheimnis auffinden und definieren:
aber die Vernunft sträubt sich dagegen, denn sie
sichert dich ab (mit Ironie).

VATER
Mein Sohn also?

SCHATTEN DES SOPHOKLES
Warum bin ich hier und nicht Homer?
Weil ich Tragödien schrieb und nicht Poeme.
Und meine Tragödien aufgeführt,
nicht nur gelesen wurden.
Was das zu sagen hat?
Nimm einmal an, du wärest taub oder verstündest
kein Griechisch; und setzest dich ins Parkett vor die
Bühne, wo ... die Trachinierinnen gegeben werden.

(Mit deinem Fall hat des Ödipus Machtergreifung weniger,
des Herakles Sterbegeleit schon mehr zu tun.)
Also, mein Barbar,
du würdest mich trotzdem verstehen; ob zur Hälfte oder
zu einem Viertel oder auch zur Gänze, ich weiß es nicht;
aber verstehen würdest du mich trotzdem.
Oder würdest du vielleicht in einer
Theateraufführung nicht verstehen, was
Herakles seinem Sohn sagt, die Aufforderung, mit
den Gefährten ihn hinauf auf den Berg zu bringen
und dort durch seine Knabenhände zu verbrennen?
O doch, du würdest es irgendwie verstehen.

VATER
Was willst du mir denn damit sagen?

SCHATTEN DES SOPHOKLES
Warte, bald komme ich wieder auf deinen Sohn zurück.
In diesem großen Schweigen um drei Uhr morgens laß mich
erst noch von meiner großen Liebe, dem Theater, sprechen.
Das Wort lebt im Theater von einem doppelten Ruhm,
so sehr wird es nirgendwo anders verherrlicht. Weshalb?
Weil es gleichzeitig geschrieben und gesprochen ist.
Geschrieben ist es wie das Wort des Homer, doch
gleichzeitig gesprochen wie die Worte,
die zwei Männer bei der Arbeit tauschen, oder
eine Horde von Jungen, oder die Mädchen am Waschtrog, oder
die Frauen auf dem Markt – wie die armseligen,
tagtäglichen Worte eben, die mit dem Leben verfliegen:
ungeschriebene Worte von unvergleichlicher Schönheit.
Und im Theater wird wie im Leben gesprochen.
Siehst du, jetzt klagst du: Aaaaah! Aaaaaaah!
Das klingt auch im Theater so: Aaaaah!
Aaaaaaaaaaaaaaaah! . . .

VATER
Warum sagst du mir eigentlich das alles?

SCHATTEN DES SOPHOKLES
Weil du es nicht weißt; oder nur eine dunkle Kenntnis
davon hast, die wie jede dunkle Kenntnis dir
die lichte Sicherheit gibt, es doch zu wissen.

VATER
Sprich jetzt von meinem Sohn!

SCHATTEN DES SOPHOKLES
Ja, wäre ich nur ein Dichter gewesen,
erklärte ich's dir nur mit Worten!
Doch ich bin mehr als ein Dichter; und nur
Worte genügen mir nicht; dich, deinen Sohn
muß ich wie auf einer Bühne sehen; muß den
Anruf des Worts vollenden mit seiner Gegenwart in
Fleisch und Blut, vielleicht gar, wenn er nackend liebt
– oder jemand wie er, aber der unbedingt auch
in Fleisch und Blut – und seine Glieder bloßliegen.
Sehen mußt du ihn, nicht nur hören;
nicht nur den Text lesen, der ihn anruft;
du mußt ihn vor Augen haben. Das Theater
vermittelt die Realität der Körper nicht nur mit Worten,
sondern auch mit eben diesen Körpern ...

VATER
Und?

SCHATTEN DES SOPHOKLES
Siehst du oder fühlst du, das heißt, erlebst du die Realität,
kann sie dir auch entgleiten, weil sie zuviel ist,
oder zu wenig, und so gibt es zwischen ihr und dir immer
ein Mißverhältnis. Du kannst sie nicht wissen oder auch
beschreiben – ja, beschreiben: Sie, die doch so vertraut –
deine Welt ist und du selbst –
sie ist ... ist – in sich – das Geheimnis ...

VATER
Wie auch mein Sohn, willst du sagen?

SCHATTEN DES SOPHOKLES
Oh, ich will gar nichts sagen; nur einige Betrachtungen

anstellen als Theaterdichter. Und dich aufmerksam machen
auf dieses: kannst du die Realität nicht isolieren,
definieren ... beschreiben, wenn du sie siehst, hörst,
erlebst – kannst du sie vielleicht isolieren,
definieren, beschreiben, wenn sie sich dir
als Tragödie anbietet!
Der Mensch hat die Realität erst bemerkt,
als er sie darstellte.
Und nie wurde sie besser dargestellt als im Theater.

VATER
Sähe ich also meinen Sohn wie ...
auf einer Bühne ...

SCHATTEN DES SOPHOKLES
Phantasiere nicht. Ich habe dir keine Lösung zu bieten.
Gar nichts wirst du lösen, das sagte ich dir doch.
Dein Sohn ist schon auf der Bühne.
Du hast es nicht gemerkt? Auf einer Lebensbühne,
deren echte Prospekte die obere Lombardei und
die Mauern um deinen schönen Landsitz sind.
Er stellt sich dir dar.
Statt ihn zu betrachten, verfolgst du ihn, um ihn zu fassen.
Oh, diese verfluchte altgewohnte Habgier!
Ich sage dir freundlich, mit deiner eignen Ironie,
die dich bewahrt vor der Gewalt des Lebens
und deines Gewissens: Diese
deine eingefleischte Habgier ist dein Tod.
Und keiner wird irgendwann und irgendwo eine Träne
darüber vergießen.

VATER
Ja, gewiß doch, du verurteilst mich zu Recht, aber sag mir:
Mein Sohn ist also die Realität,
die Realität, die mir entflieht,
doch eine konkrete Realität, die nur sie selber ist,
wenn sie sich darstellt
in ihrer ganzen, unaufhaltsamen Gewalt ...

SCHATTEN DES SOPHOKLES
So in etwa ist es.

VATER
Und ich muß sie nicht lösen, weil sie kein Rätsel ist:
ich muß sie kennenlernen – berühren, sehen und hören –
weil sie ein Geheimnis ist ...

SCHATTEN DES SOPHOKLES
Richtig. Verdammte Vernunft! Jetzt ist alles erklärt.
Ich bin gekommen, weil ich dir helfen wollte,
stattdessen werden meine Worte dich zu einem neuen
Wahnsinn treiben, den du auf tragische Weise in Szene setzt,
weil du glaubst, in dir noch Mörderqualitäten zu entdecken.
Wieviele Helden wurden schon von Propheten gewarnt!
Es war immer umsonst. Adieu, ich gehe; es fängt ja
schon zu dämmern an, die Stunde, die das tiefste
Schweigen birgt ... Doch eine Röte
befleckt mit ihrem stillen Frieden
das Blau der eiskalten Luft: bald schon
glänzen die Scheiben, spiegeln den traurigen Horizont,
der beim Erglühen in Rosa den ersten Windhauch schickt.
Ach, es wird mir ewig leid tun,
daß ich in meinen Tragödien nicht genügend zum Ausdruck brachte
diesen seelenlosen
Willen der Erde zur Auferstehung, dies bißchen Rosa,
diesen Windhauch – Dinge alles, nicht Worte.
Ach!
Doch dein Tag fängt an:
den du so durchleben willst, wie du entschieden hast
– nichts könnte dich dazu bringen, ihn anders zu leben.

7. Episode

SEHERIN
Sie wollen nur wissen, wo sich Ihr Sohn befindet?

VATER
Ja.

SEHERIN
Wirklich nur das?

VATER
Ich . . . glaube wenigstens.

SEHERIN
Geben Sie mir bitte sein Lichtbild.

VATER
Hier.

SEHERIN
Ein hübscher junger Mann: und so helles Haar . . .
Aber vielleicht kommt das nur vom Gegenlicht . . .

VATER
Nein, nein. Er ist wirklich blond . . .

SEHERIN
Ein ganz besondres Blond; wie
das ein wenig angerußte
der Schauerleute.
Über der Stirn liegt das Haar in einer Welle,
unten dunkel und oben licht: ganz
Unschuld, wie ein stolzes undiszipliniertes Kind.

VATER
Seine Mutter ist Neapolitanerin . . .

SEHERIN
Aber aus reicher Familie.

VATER
Ja, aus sehr reicher;
obwohl ihr Haus immer etwas muffig roch.

SEHERIN
Aber so ein Blond . . .
Vielleicht stammen die Vorfahren aus Frankreich.

VATER
Möglicherweise eine von den Müttern, deren Mädchenname vergessen ist.
Oder vielleicht hat es in der Familie, wie man da drunten sagt,
»irgendein Horn« gegeben – mit einem Soldaten des Marat
oder des Garibaldi oder einem der Piemonteser.

SEHERIN
Immerhin gibt es auch blonde Neapolitaner . . .

VATER
Gewiß.

SEHERIN
. . . die diesen Ruß über dem Gold haben und,
siehst du hinunter, einen weichen schmuddeligen Schoß
und stets allzu bereit sind zu lieben,
grausam wie Strauchdiebe und anmutig wie Mädchen.
Sie haben Sex in den Augen und dessen Samengeruch
im ungekämmten, angestaubten Haar.

VATER
Das ist sein Rätsel, das keiner kennt.

SEHERIN
Oh, die Frauen schon! Wer weiß,
wieviele es mit Händen berührten
und natürlich fanden.

VATER
Ich bin auch einmal Junge gewesen.

SEHERIN
Jetzt möchten Sie also wissen, wo er ist.

VATER
Ja, das möchte ich.

SEHERIN
Kommt, höllische Geister!
Erleuchtet mich, führt mich zu dem Ort,
wo dieser Körper mit dem blonden Kopf
und den verlorenen schmalgeöffneten Augen
seine Jugend genießt!

VATER
Haben Sie ihn gefunden?

SEHERIN
Ja, er ist in meiner Glaskugel.
Sehen sie, eine Allee wie so viele,
in der Vorstadt.
Bei der Porta Ticinese oder Romana.
Mittendrin eine höhere Baumgruppe, Kastanien.
Der Herbst überzieht ihr Laub mit Gold: einzige Farbe,
doch eines hochsommerlichen Neapels würdig.
In der Ferne noch eine Kuppel aus dem Settecento.
Königlich; und natürlich wird auch sie irgendeine
Beziehung zu Neapel haben. Aber ringsum
dominiert, ganz weich, das Industriepanorama.
In der Richtung auf die ovale Kuppel mit ihren
langen Schwibbögen (etwas ärmlich, weil
Mailand damals noch ein Dorf war) steht ein
billiges Mietshaus. Es trägt die Nummer 211.
Und die Allee trägt den Namen Cellina (sicher ein
patriotischer Name irgendeines patriotischen Flusses).
Im zweiten Stock ist ein unbeleuchtetes Fenster offen.
Da drinnen ist er.

VATER
Also Viale Cellina 211. Vielen Dank ...

SEHERIN
So warten Sie doch noch etwas:
Wollen Sie nicht mehr über ihn erfahren?

VATER
Mehr?

SEHERIN
Wollten Sie wirklich nur seine Adresse?

VATER
Nur deswegen bin ich hergekommen ...

SEHERIN
Sonderbar, diese Fotografie mit ihrem rechteckigen Format;
wäre sie oval, könnte sie eine von denen sein,
wie man sie auf dem Marmor von Soldatengräbern findet.

VATER
Soldatengräber?

SEHERIN
Ja. Ist denn Ihr Sohn nicht
im wehrpflichtigen Alter?

VATER
Er ist neunzehn. Aber ich kann
ihn schon freibekommen ...

SEHERIN
Hm, das ist heute aber schwer!
Wollen Sie es denn wirklich?

VATER
Sicher! Warum fragen Sie das?

SEHERIN
Meine Glaskugel ...

VATER
Ihre Glaskugel?

SEHERIN
Ach! Vergangenes, Zukünftiges! Wenn ...
es nicht doch Gegenwärtiges ist ...

VATER
Was denn?

SEHERIN
Ich finde es erstaunlich: ein Gebiet,
das Freud und Jung vernachlässigt haben.
Ich sehe hier überhaupt nur Väter.

VATER
Meinen Sie, Freud und Jung hätten sich
nicht auch mit Vätern befaßt?

SEHERIN
Gewiß doch. Aber als diese Väter hier Söhne waren.

VATER
Es ist ja wahr, für meinen Sohn bin ich ein Vater.
Aber für mich selbst bin ich ein Sohn.

SEHERIN
Nun, irgendwo wird auch noch ein Großvater sein.

VATER
Kommen Sie mir nur nicht auf den Gedanken,
auch ihn noch in Ihre Glaskugel zu rufen!
Ihre höllischen Geister sollen ihn lassen, wo er ist!

SEHERIN
Der Großvater ist unbeteiligt. Es sind die Väter,
sie hatten ihrerseits Väter,
sie hatten Frauen,
sie hatten Söhne und Töchter.

VATER
Und?

SEHERIN

Nun, man weiß kaum etwas über das Verhältnis zwischen
diesen Vätern und denen, um derer willen sie wirklich
Väter sind,
ihren Söhnen – verzeihen Sie die Banalität.
Darüber wurde immer ein Schleier gebreitet, denn
es sei angeblich ein Verhältnis
nur der Revanche oder Rivalität.
Motiv für die Revanche sei der Haß auf den Großvater,
das für die Rivalität aber die Liebe zur Gattin oder
allgemein zum weiblichen Geschlecht. Das soll alles sein?
Wirklich sonst nichts?
In jedem Verhältnis ist immer noch etwas anderes.
In diesem nicht?

VATER

Wie Sie doch alles deutlich ... und prosaisch machen.
Kommen Sie ... kommen Sie zu Ihrer Magie zurück!

SEHERIN

Bin ich nicht geheimnisvoll genug? Zeige ich ein schäbiges
kulturelles Interesse? Doch Sie haben recht. Ist man Vater,
so bedeutet dies ja auch, daß man Frauen liebt.

VATER

Ja, das Geheimnis ist nur in den Dingen,
die nicht weiter analysierbar sind.

SEHERIN

Aber gibt es beispielsweise in der Liebe oder dem Haß
des Vaters zum Sohn nichts weiter Analysierbares
außer Eifersucht und Bedauern?

VATER

Ich möchte doch sehr darum bitten, daß Sie sich auf Ihr
Metier beschränken!

SEHERIN

Gut. Es waren auch nur beiläufige Betrachtungen: aber
durch das hervorgerufen, was meine Kugel zeigt.

VATER
So sagen Sie jetzt endlich,
was Ihre Kugel zeigt!

SEHERIN
Sind Sie schon einmal in Florida gewesen?

VATER
Ja, schon einige Male. Warum?

SEHERIN
Ach nein, ich habe mich getäuscht, das ist
nicht Florida. Vielleicht Kalifornien.

VATER
Ich bin auch schon in Kalifornien gewesen.

SEHERIN
Ja, wahrscheinlich ist es Kalifornien.
Aber jetzt haben einige Gebiete Kanadas
schon Ähnlichkeit mit Kalifornien: auch viele
Gegenden in Deutschland (aber es könnte
genauso gut ein Winkel in der Lombardei oder
im Piemont sein). Doch kommen wir vom Äußern zum
Innern, ist es unverkennbar eine der
großen Industriestädte innerhalb der EWG.

VATER
In allen von Ihnen genannten Orten bin ich ... vorher
gewesen.

SEHERIN
Kennen Sie eigentlich das Licht
vor und nach einer Atomexplosion?

VATER
Nur aus Dokumentarfilmen.

SEHERIN
Da ist dieses eigenartige Licht. So ganz banal
und ohne jeden Zauber; die Kameraleute sagen dazu
»flache Beleuchtung«. Gegen- und Seitenlicht nur in den

spärlichen Gegeneinstellungen – dieser Dokumentarfilme ...
Der Himmel, wo die Explosion erfolgt, hat keine Farbe,
alles ist gut in der Sonne, ist sichtbar, ohne Geheimnis.
Auch die für den Versuch bestimmte Wüste
ist Wüste nur dem Namen nach:
in Wahrheit doch nur eine
steinige Ebene von trister dreckig-weißer Farbe
am Fuße abgeholzter Berge.
Es scheint wirklich, als hätte ein teuflisches Hirn sich
die Mühe gemacht, den unmenschlichsten Ort zu finden
(und wahrlich nicht aus Menschenfreundlichkeit).
Nun, in dieser Stadt in meiner Glaskugel,
in den Außen- und Innenansichten
ist dies banale Licht des Unbehagens ...
des Schreckens fast ... des Grauens ...

VATER
Und weiter?

SEHERIN
Alles gut und wie es sein soll und in Ordnung.
Schwere Büromöbel, alle Bequemlichkeit und eine
gewisse enthaltsame Dürftigkeit, fast wie in einer Kirche.
Kennen Sie einen dicken, einen sehr dicken Herrn
mit einem Schweinsgesicht, das wie ein Kissen
alle Gesichtszüge überquillt, die im Widerspruch dazu
winzig sind und fein wie bei einem Säugling? Die Nase
ein wenig Stupsnase und die kleinen Lippen fleischig; aber dick,
ich sag's noch einmal: dick ... Und ein schöner arischer Name ...

VATER
Ich glaube, ich kann mir schon denken, wen Sie meinen ...

SEHERIN
Kennen Sie auch diesen andern Herrn, der nun allerdings mager ist,

aber nicht zu mager, eher normal; mit dem gutmütigen
Gesicht dessen,
der einen Ehrendoktorhut bekommt; und in Wahrheit sehr
sehr ignorant und sehr provinziell aussieht:
aber diese Provinz ist
weit wie die Welt und
voll von Menschen, die ihm gleichen. Schütteres Haar ...
Brille ... fast sportliche Kleidung, wenn auch von gutem
Schneider – doch auch wieder beinahe so, wie man
sie von der Stange kaufen kann ... Wissen Sie,
blaue Kapitänsjacken ... Golfkleidung ...

VATER
Ich meine, ja, ich kenne auch den.

SEHERIN
Gut. Diese beiden – nebst den dazugehörigen
Ehefrauen – gehören wohl mit zu den wichtigsten
(und auch ein General, der an De Gaulle* erinnert).
Aber da ist noch etwa ein halbes Dutzend wie sie.
Dazu die vielen andern von den großen Begegnungen,
altbekannte Gesichter von Genf und München und Yalta ...

VATER
Und was tun die da alle?

SEHERIN
Jeder von ihnen ist Sohn, der einen Sohn hat.
Ich meine: er ist Vater ...

VATER
Und?

SEHERIN
Fast alle ihre Söhne sind
im wehrpflichtigen Alter ...

* Im Original Morgante, hier auf Wunsch des Autors geändert in De Gaulle (Anmerkung des Übersetzers)

VATER
Ich verstehe den Zusammenhang nicht ...

SEHERIN
Bitte! Da stehen ja auch Sie
unter all den Vätern! Sie!

VATER
Ich auch? Ich bin doch schon ewig krank.

SEHERIN
Vielleicht träumen Sie nur, krank zu sein:
doch in Wirklichkeit sind Sie dort!

VATER
Könnte sich Ihre Glaskugel nicht irren?

SEHERIN
Gewiß. Wie alle Glaskugeln.

VATER
Dann will ich meine Frage berichtigen:
Was tun wir denn alle dort?

SEHERIN
Wer weiß! Lassen Sie mich Ihre Gespräche hören
(ablesen an der Mimik, denn die Kugel ist stumm).
Ja ... ja, richtig ... Um Gottes willen!
Sie reden vom nächsten Krieg ...

VATER
Vom nächsten Krieg?

SEHERIN
Ja. Jedenfalls Dinge, die gleichzeitig
die Jungen und den Tod angehen.

8. Episode

VATER

Ja, Signorina, alles begann nämlich
mit einem Traum. Ich gehöre zu einem
Menschenschlag, besser zu einer Menschengattung,
die solches nicht zugibt und im allgemeinen
auch nicht gelten läßt.
Ich gebe es zu und lasse es gelten: aber ich will nicht
behaupten, daß dies nicht auch nur ein Vorwand ist ...
und es nicht einfach so war,
daß ich es bequem fand,
alles auf einen Traum abzuwälzen ...
Da nun schon ein Vorwand als Anlaß besteht,
kann man auch endlos weiter darüber reden:
und mehr oder weniger ist das meine Tragödie.

MÄDCHEN

Ich habe so gut wie gar nichts davon begriffen.

VATER

Natürlich. Und recht haben Sie, nicht ich.
Man begreift nur die wirklichen, nicht die vorgeblichen Dinge.
Immerhin könnte ich, nachdem der erste irreale Komplex meiner
Tragödie ausgemacht ist, in alle Ewigkeit – und ehrlich – darüber
moralisieren – und sogar alle menschliche Erfahrung
daran messen – und jegliches Gefühl auf diese Ebene bringen
und überprüfen! Auch Ihr eignes unschuldiges ...
Denn auch Sie gehören jetzt mit hinein in meine Tragödie, die

erfunden ist – wie eine willkürliche Fabel – nichts als
fehlgeschlagene, unbewältigte Versuche, um die
Ganzheit eines Lebens darzustellen.
Also sind jetzt auch Sie eine Gestalt in
dieser nicht ganz humorlosen Tragödie ...

MÄDCHEN
Danke ...

VATER
Auch Sie sind ja erfaßt vom Sinn jenes Traums,
an den ich mich nicht erinnere, es sei denn
an einen Bahnhof,
meinen Vater, einen Jungen, an
öffentliche Anlagen, an Blond.

MÄDCHEN
Sie werden geträumt haben, daß Sic gcradc licbten!

VATER
Oh, bestimmt!
Von da an bin ich, wie Odysseus,
durch alle Bedrängnisse unseres heutigen
Lebens gegangen. Habe meine Wirklichkeit
aufs Spiel gesetzt, die folglich in Krise geriet.
Von meiner sozialen Klasse (der Macht nämlich und
ihren Rechten) habe ich mich losgesagt –
freilich ohne dies Wort je zu gebrauchen.
Ich erlebte eine Konversion, am Ende eine Neurose.
Es hat Mißverständnisse gegeben zwischen mir und
meinem Sohn. Und eben als Vater bin ich hier;
doch Sie brauchen nichts zu fürchten, nicht als offizieller
Vater, Sie zur Gewissenserforschung zu nötigen und
Sie aufzufordern »mir meinen Sohn wiederzugeben«.
Ich komme nur, um Sie über ihn zu befragen.

MÄDCHEN
Was heißt da: befragen?

VATER
Sicher nicht, wie ein Polizist einen Verdächtigen befragt
... aber wie ein Wilder das Feuer befragt
oder ein Bauer den Himmel oder ein Gelehrter
die Schriften seiner Wissenschaft:
Das Interesse an diesen Dingen ist rein.
Denn hier ist kein Schuldiger und auch kein Richter.
Ich frage, um zu wissen, nicht um zu richten.
Das habe ich ja indessen wohl gelernt.
Und was ich mit Ihrer Hilfe entziffern
müßte, ist mein Sohn – ein Junge,
der mein Sohn ist.

MÄDCHEN
Und weshalb sollte ich Ihnen antworten?

VATER
Ich könnte Ihnen ja sehr viel Geld dafür bieten
(weiß ich doch, daß Sie nicht unempfänglich sind für
diese Hilfsmittel aus den Möglichkeiten der herrschenden
Klasse), um so mehr, da Sie auch süß und schön sind
wie eine Katze, wie ein Vöglein ...
Doch Geld beiseite, ich möchte, daß Sie mir
antworten um der Antwort willen.

MÄDCHEN
Hübsch, das Spiel! Wissen Sie denn auch ganz genau,
was Sie mich fragen wollen?

VATER
Ach, wie kann ich wissen, welche Fragen
ich an Sie richten soll, da doch alles schon ...
Vorher in einem Traum begann? Wenn schon in diesem
Traum der Wunsch zu wissen begann?
Und es darum nicht nur um ein einfaches Rätsel geht?

MÄDCHEN
Ha, Ihre Tragödie ist vielleicht ein Wust,
der kein Mitleid, noch sonst was erweckt.

VATER

Schon richtig, aber wie sollte ich mich denn jetzt verhalten?
Ich habe die Odyssee von Anfang bis Ende durchlebt,
andre Proben habe ich keine mehr zu bestehen:
es gibt keine anderen Konversionen, Lossagungen,
Neurosen mehr. Realität, Gesellschaft, Gott
und meine Seele haben alles schon bekommen, was ich
geben konnte und was sie wollten. Und jetzt?

MÄDCHEN

Nur einem sind Sie dabei nicht gefolgt!
Dem gesunden Menschenverstand, Leben ist Leben, und basta!
Nehmen Sie's, wie's kommt, und fragen Sie nicht lang,
alle strecken sich doch nach der Decke ...

VATER

Aber ich liebe! Haben Sie nicht verstanden? Ich *liebe*!

MÄDCHEN

Oh, was für ein schönes Frühlingswetter heute!
Richtiger Frühling! Man riecht die Wäsche im Wind ...
Und auf der Haut diese wohlige Wärme,
die ich schon vergessen hatte ... Nehmen Sie Platz.
Etwas zu trinken?
Woran denken Sie?

VATER

An ...

MÄDCHEN

... was?

VATER

Ich weiß nicht, ob ich das sagen kann ...

MÄDCHEN

Warum nicht?

VATER

Ich möchte nicht ... Ihre Gefühle verletzen ...

MÄDCHEN
Was für Gefühle?

VATER
Wollen Sie sagen, daß Sie keine haben?

MÄDCHEN
So ungefähr ...

VATER
Na, gut. Also, dann geht es jetzt darum ...
Wenn ich nicht weiß, was ich fragen soll über meinen Sohn,
und Sie nicht wissen, was Sie antworten sollen (während
ich doch alles über ihn wissen will) ... wenn es dafür
keine Worte gibt ... (oder die Worte nicht reichen) ...

MÄDCHEN
Still! Psst!

VATER
Was denn?

MÄDCHEN
Hören Sie? Hören Sie's unten auf der Straße
pfeifen? Wir sind hier im zweiten Stock, und ...

VATER
Wer pfeift?

MÄDCHEN
Er! Er kommt! So
pfeift er immer ...
Tritt ans Fenster
Da sehen Sie mal! Sehen Sie sich meinen hübschen Soldaten an!

VATER
Er ist es ...

MÄDCHEN
Er, mit seinem blonden Haarschopf,
stark wie ein Stier, der seine Kraft nicht kennt,
ganz unordentlich, und immer

sieht es so aus, als hätte er sich die Schuhe nicht gebunden, und die Hosen verrutschen ihm wie bei einem kleinen Jungen …

VATER
Wenn die Worte nicht reichen … gibt es die Wirklichkeit:
das wollte ich Ihnen sagen. Soviel ich nur kann,
muß ich sehen, was mein Sohn ist …
Antworten Sie, er kommt schon, er ist gleich da …
Wo haltet ihr euch auf, wo liebt ihr euch …

MÄDCHEN
Ach, so!
Hier halten wir uns auf, und hinter der Tür dort
in meinem Zimmer lieben wir uns …

VATER
Wo kann ich mich verstecken, mit dabeisein,
vom unmittelbaren Ursprung des Lebens
erfahren …

MÄDCHEN
Was wollen Sie …

VATER
Sie haben genau verstanden … Heucheln Sie nicht, erbarmen Sie sich!

MÄDCHEN
Ha, ha, ha! Kommen Sie, verstecken Sie sich da
in der Küche, schauen Sie durchs Schlüsselloch.
Hören kann man schon alles! Ha, ha, ha!

Vater ab

MÄDCHEN
Ciao.

SOHN
Ciao.

MÄDCHEN
Nun: wer bist du?

SOHN
Wie?

MÄDCHEN
Was starrst du mich an? Ich bin nicht verrückt:
Ich habe dich gefragt, wer du bist.

SOHN
Pinocchio.

MÄDCHEN
Und wie heißt dein Vater?

SOHN
Vater.

MÄDCHEN
Und deine Mutter?

SOHN
Mutter.

MÄDCHEN
Wo bist du geboren?

SOHN
Inmitten von ein paar Freunden und Kirschbäumen.

MÄDCHEN
Die Freunde alles Jungen?

SOHN
Kleine Jungen, kleine Mädchen.

MÄDCHEN
Und was haben die gemacht?

SOHN
Mit den Kirschen gespielt.

MÄDCHEN
Im Frühling?

SOHN
Nein, im Juli.

MÄDCHEN
Und nachher?

SOHN
Was nachher?

MÄDCHEN
Was hast du gemacht, als du geboren warst?

SOHN
Mich interessiert für das Aufwachsen dieser
kleinen Kinder – mit ihren Kirschen,
alten Äpfeln, Trauben und Körben voll Mispeln,
Johannisbeeren, Brombeeren, Heidelbeeren.

MÄDCHEN
Bist du Gärtner gewesen?

SOHN
Ja, meinem Vater zuliebe, der alle guten
Gottesgaben in der Natur erblickte.

MÄDCHEN
Warum eigentlich deinem Vater zuliebe?

SOHN
Weil es so geschrieben stand.

MÄDCHEN
Wo?

SOHN
Eine große, doch nicht übermäßige Lebensfreude,
das Loyalitätsgefühl eines braven, kleinen Soldaten
(das waren die Regeln aus dem Buch des Lebens).

MÄDCHEN
Und was stand über deinen Vater geschrieben?

SOHN
Für ihn galt die Regel, zu warten, bis irgend etwas
noch einmal geschehe, was schon geschehen war.

MÄDCHEN
Und all die Kinderchen, in deren Mitte du geboren wurdest, wohin
sind sie gegangen mit ihren Kirschkörbchen?

SOHN
Sie haben alle ihre bescheidene Freude gehabt,
in stillen Häusern auf der Welt zu sein.

MÄDCHEN
Und du fragst dich gar nicht, warum?

SOHN
Nein. Denn ich war eines von den Kindern,
die, keiner weiß wie,
schon gleich nach der Geburt alles wissen.
Warum dann noch fragen?

MÄDCHEN
Aber wenn du schon die Antworten gewußt hast:
was waren das für Antworten?

SOHN
Antworten der Liebe.

MÄDCHEN
Und was ist diese Liebe?

SOHN
Etwas zum Lächeln und zum Lachen
– besser, erst gar nicht daran denken.

MÄDCHEN
Dann bist du gedankenlos?

SOHN
Ja! Aber nicht, weil ich nicht wissen will,
sondern weil ich schon weiß!

MÄDCHEN
Ein Muster von Bescheidenheit bist du gerade nicht!

SOHN
Auf gar keinen Fall! Aber hochmütig wie Don Quijote.

MÄDCHEN
Warum eigentlich?

SOHN
Weil ich jung bin.

MÄDCHEN
Und wie alt bist du?

SOHN
Zehn Jahre, doch zweihundertvierzig Monate alt ...

MÄDCHEN
Dann gehst du also bald zum Militär?

SOHN
Nein, das tue ich nicht!

MÄDCHEN
Aber dann stecken sie dich ins Gefängnis!

SOHN
Ja, und das Zellenfenster schaut aufs Meer.

MÄDCHEN
Und wie hältst du's da aus ohne Mädchen?

SOHN
Geradeso wie die Mönche.

MÄDCHEN
Aber die verzichten doch aufs Lieben,
weil sie an Gott glauben. Und du?

SOHN
Weil ich nicht an Gott glaube!

MÄDCHEN
Aber dann werden doch alle sagen: das ist ein Anarchist,
weil er Dinge tut, die nichts nutzen!

SOHN
Natürlich werden sie das sagen! Und
nicht nur die alten Spießer, sondern auch
die jungen Rebellen. Denn sie gehören ja alle
zur gleichen Sorte Menschen: was man tut,
wird nur am Nutzen gemessen. Wenn einer lacht oder weint
in einer Welt, wo man nicht lachen soll und nicht
weinen darf, und sie dadurch aus dem Konzept bringt, weißt du,
was sie dann sagen? Wozu ist das gut? sagen sie.
Ich hab dich angelogen: ich bin kein Don Quijote, Liebling,
ich bin ihm nur ein bißchen ähnlich,
und meine Verrücktheit ist leider
nur ein bißchen Gedankenlosigkeit.
Trotzdem weiß ich, daß Taten
echter Liebe und echten Hasses gar keinen Nutzen zu haben brauchen
und daß es egal ist, ob die Welt, die du aus dem Konzept bringst
mit deinem zu großen Haß oder deiner zu großen Liebe,
am Ende doch siegt und dich zum Narren macht.
Der Sieg gehört dem, der verliert.
Der Sieg wird nie anerkannt.
Der Sieg ist nutzlos. Ist das Verhör aus?

MÄDCHEN
Ja, ich bin's leid.

SOHN
Dann gehen wir hinüber.

Beide ab;
Vater kommt herein, sieht durchs Schlüsselloch.

VATER
Ja, alles, was ich sehe, ist real und objektiv.
Das ereignet sich auch in den grundlosen Tragödien.
Und all diese Genauigkeit ist sogar ein Anzeichen dafür,
daß alles Sinnlose, wie stets, schon im Begriff ist,
sein logisches Ende zu bekommen.
Sohn, weißt du, was ein Vater ist?
Ich will's dich lehren, während du küßt ...
und nur darauf wartest, deinen Gürtel zu lösen,
um zu tun, was schamlose Jungen tun.
Die Väter, weißt du, sind alle impotent:
mag ihr Ausdruck, ihre Haltung sein wie auch immer,
du erkennst doch in ihrer Person nichts andres
als das uneingestandne Wissen um ihre Impotenz.
Nehmen wir die beiden häufigsten Fälle:
wenn ein Vater seinen Sohn ignoriert und
wenn er ihn haßt.

Im ersten Fall macht sich der Vater fast lächerlich:
so groß ist seine demütige Passivität vor der Fülle
von Phänomenen, deretwillen er nicht wissen will,
daß sein heranwachsender Sohn – der schon erwachsen in
all seiner Anstößigkeit und zugleich so rein ist –
daß er sich umsieht und nach
Brot, Zustimmung, Liebe, Leben verlangt.
So ein Vater tut, als sei nichts geschehen
und seine Arbeit die einzig wichtige Räson;
und er tut auch, als dürfe die Aktivität seines Glieds
erst an zweiter Stelle kommen, vernünftigerweise
nach den wichtigen sozialen Verpflichtungen – die er für seine
große parlamentarische Demokratie übernommen hat.
Armer, alter Mann, der widerstandslos untergeht!

Ha, aber die großen parlamentarischen Demokratien sind doch bis an die Zähne bewaffnet!
Und nun der andre Fall, wenn ein Vater seinen Sohn haßt:

Diesem Vater steht seine Impotenz wie am Pranger
auf einem Schild geschrieben.
Ein unsichtbares Schild – hinter der Robe
des Anwalts oder dem Zweireiher des Industriellen oder
der Werkkleidung des Arbeiters: natürlicherweise.
Doch die Gründe für seine Ablehnung des sozialen
Verhaltens seines Sohns sind immer stichhaltig!
Das Dasein des Sohnes an und für sich
bringt schon Aufruhr in die Gesellschaft.
Das frische, ergebene, dürstende Glied
ist an und für sich schon Skandal, wird's verglichen
mit dem, das Erzeuger ist und gar nichts Neues mehr hat.
Zu Tausenden werden Söhne durch die Väter umgebracht:
und
nur bisweilen Väter durch die Söhne – bekanntlich.
Doch wie geschieht die Ermordung der Söhne durch die
Väter? Mit den Gefängnissen, den Schützengräben, den
Konzentrationslagern, den bombardierten Städten.
Und wie geschieht die Ermordung der Väter durch die
Söhne? Mit dem Großwerden eines unschuldigen Körpers,
der da ist: Neuankömmling in alten Städten, und eigentlich
nur aufgenommen werden möchte.
Er, der Sohn, wirft in den Kampf mit dem Vater
– wer anfängt, ist doch immer der Vater –
seinen Körper, nichts andres als seinen Körper.
Er tut's mit einem Haß ganz aus Reinheit, oder
auch mit diesem Abstand ganz aus Ironie und Sanftheit,
wie du jetzt bei diesem Weib deine Rechte begehrst.
Aber der Vater, der Vater ohne Sohn, der Vater an und
für sich, der Vater sonst nichts, was ist er denn?

Ich will's dir am dunkelsten Beispiel besser erhellen.

Ich will – nur mit einem einzigen Bild – dich erinnern
an den Gang über die Erde
eines dieser Väter – und Sohn bis zur Lächerlichkeit,
der aber Führer eines ganzen Volkes gewesen.
Hier hast du ihn: mit seinen gedrungenen Beinen,

seiner eigensinnigen Kinderstirn, eine
läppische Karikatur, ein aufgezogner Hampelmann
schreitet er die Front einer Jungenschar ab,
bayerische oder preußische, die Brust herausgepreßt,
die Augen noch betört vom Gedröhn
des Gleichschritts übers Straßenpflaster:
sie sind nackt; entweder ganz nackt, oder sie haben
vorm Geschlecht einen (schwarzen) Lappen,
der weder Form noch Größe verbirgt.
Die Front entblößter Geheimnisse wahrer Väter
abzuschreiten, ist der Traum des Vater-Sohns.
Er frohlockt, aber er leugnet alles.
Fahnen flattern über den vorschriftsmäßigen Köpfen.
Den gehorsam geschornen, um's genau zu sagen.

Aber kommen wir jetzt zu den dunklen Beispielen,
um uns klarer auszudrücken,
zu den Normalfällen, um die Dinge zurückzubringen
auf das, was sie unverständlicherweise sind!
Denn wenn man letzten Endes über jenen weinen konnte,
so kann man über seine Nachfolger auch nicht gerade lachen!
Kommen wir zu den Präsidenten der Republiken!
Den Kirchenfürsten, den Industriellen!
. . . .
Aber hier ist ja die Zeit des Küssens schon
im Vergehen, zärtlich und wie's recht ist.
Jetzt ziehe ich das Messer aus der Tasche,
das ich dir gab und du mir so schön wiedergabst.

Auf der Welt gibt es Epochen,
da degenerieren die Väter;
und morden sie ihre Söhne,
begehen sie Königsmord.

Das sind demokratische Epochen, wo die Macht
getragen wird von orientierungslosen Mehrheiten,
verloren in übergroßen Städten

oder auf dünnbesiedeltem Land.
Die Vergangenheit verfällt mit der Gegenwärtigkeit der Zukunft,
verfrühte Herrscherin über die Menschen, die sie unbewußt erleben: so allerdings wird das Bewußtsein beleidigt;
und verkümmert zu infantiler Verruchtheit.
Deshalb ist meine Hand jetzt bewaffnet und mache ich mich bereit, in Erektion, meinen Sohn zu morden.

Epilog

VATER

Immer gibt es beim Helden einer Tragödie
die Stunde, wo er ein wenig lächerlich ist
und darum Mitleid erregt. Ich ... habe
durch ein Schlüsselloch geschaut: das ist
meine Lächerlichkeit ...

BETTLER

Nur weil du durchs Schlüsselloch geguckt hast,
bist du zwanzig Jahre gesessen?

VATER

Nein! Soll man alles von mir sagen, aber ein Voyeur war ich nicht!
Ein Königsmörder war ich, lieber Freund!
Und so hat sich's begeben, wenn du's wissen willst:
Als ich die Tür öffnete und hineinging,
schrie er:
»Laß mich in Ruhe! Geh!« Und ich: »Wir werden beide gehen!«
Und er: »Aufhören! Ich kann mich noch retten!«
Und da schrie ich: »Aaaaaaaaaaaaaaaaaah! Wann
erwach ich aus dem Traum ...« – Und er dann noch:
»Warum wurde mir mein Leben genommen?« jawohl, fast
wie in den Trachinierinnen. Und ich beugte mich über seinen Leib,
der noch warm war, knöpfte ihm die Hose zu:
so sollte man ihn doch nicht finden. Die kleine Sphinx,
die verborgen lag in dem glorreichen Schoß, berührte ich
so: und begriff, sie war noch unversehrt in ihrem Rätsel.

BETTLER

Hm. Gut, daß es nicht mehr regnet. Dann kann ich jetzt raus

aus diesem hübschen Waggon auf seinem toten Gleis und
fort von dem guten Kohlengeruch und den schönen Lampen hier,
die bald brennen werden wie die Armen Seelen,
fort von dem großen Bahnhofsgelände ...

VATER
Ja, Bahnhöfe haben viel bedeutet in meinem Leben!

BETTLER
... und in die Stadt rein, ich will sehen,
wie ich was zum Abendessen kriege. Adieu.
Ab

VATER
Es war ein Tag mit Sonnenschein ... Hältst du's für möglich?
Wer weiß, wo jetzt dieser Sonnenschein ist ...

EISENBAHNER
Mit wem redest du denn? Dein Freund Scheißerle ist weg ...
Du bist da ganz allein, Kamerad ...

VATER
Ba, ba, ba, ba, ich zittre und geifere wie ein
alter Schmierenkomödiant: aber ich bin ein Mann
mit Würde, ha! und mit einem alten, stolzen Herzen,
einer, der sich voll Empörung aufplustert wie ein Truthahn,
während er sich in die Unterhose pißt (aber keine Töchter hat,
die ihn säubern, wie König Lear). Bald werd ich
mit dem Eßgeschirr herumwirtschaften und mit dem Rollstuhl,
wo die Lumpen verstaut sind, mein ganzer Besitz.
Ba, ba, ba, ba, ba, aber machst du dich über mich lustig,
werd ich knurren und geifern, ich armer, alter Scheißer,
und meine Augen werden stolze Blicke schleudern
und darüber sich die Brauen wölben wie bei Zeus!

EISENBAHNER
Ciao!
Ich hab keine Zeit mehr, um dir zuzuhören.
Mein Zug fährt ein. Ciao, Kamerad!
Und grüß den Scheißerle, wenn er wiederkommt. Da sind hundert Lire.
Ab

VATER
An den Sonnenschein kann ich mich noch gut erinnern:
den hatten doch die Bienen gemacht.
Über Capri war Sommer. Das Capri von damals, freilich.
Wo es noch Feigen gab und Mäuerchen
für die honigweiche Sonne;
Alles trug einen Saum aus weißem Gischt
– die Jugend des Meeres –,
darüber war krauses Gestein.
Terrassen, weiß wie Paradiese.
Sie, eine adlige Neapolitanerin: rank wie eine Störchin,
aber gelassen, oh, wie war sie gelassen
und mußte doch immer lachen,
denn sie fand alles so komisch,
alles so lustig und ohne Belang . . .

Unsere Heirat war nur selbstverständlich:
von beiden Seiten selbstverständlich.
Nichts und niemand stand unsrer Heirat im Weg:
und so war sie Ursache
allgemeiner Zufriedenheit, ganz und gar
gelungen, und kein Schatten
trübte ihren dezenten Glanz.
Es gab auch keinen Widerspruch im Innern:
etwas in uns, was das Gegenteil hervorgerufen hätte
und daher der Punkt gewesen wäre,
woraus Liebe entsteht.
Nein, wir kannten uns schon seit eh und je,
und darum haben wir uns nie erkannt.

Nun, als ich sie zum letztenmal sah, lieber Scheißerle,
war sie spindeldürr (das zunehmende Alter hatte sie
magerer werden lassen): gehüllt in einen wertvollen
Pelz, und in dem Pelz bewegte sich ein
so glatter, so gestreckter Körper, gekleidet in ein
so gesittetes Kleid und geschmückt mit so diskretem
Schmuck,
daß der Körper als Körper gar nicht dazusein schien.
(Aber sie hatte noch immer all ihren Humor:
das war die Art, ihre Güte zu zeigen.)

Wer hätte gedacht, daß sie im Angesicht des Todes,
bevor sie erhängt in ihrer ganzen Länge hing,
diese letzten Worte sprechen würde:
»Die ich liebe, ich will sie nicht mehr lieben!«

So lauten jedenfalls die Worte, wie sie mir
berichtet wurden: ich habe ebenso wenig Grund,
sie zu glauben wie sie nicht zu glauben.

Damals war ich im Gefängnis.
Hast du verstanden, Scheißerle?

Manchmal überlege ich mir, was wohl eine Epoche ist.
Die Zeit, von der ich dir spreche, ist nämlich eine Epoche;
die Epoche, als mein Sohn jung war.
Die Bräuche hatten sich geändert, die Mentalität war
eine andere geworden (sagte man): da war auch
ein andres Licht in der Luft, ich weiß es,
weil der Frühling nicht mehr so war wie einst
der Bauernfrühling rings um die Fabriken; und
die Wiesen nicht mehr grünten in alter Einfachheit,
bekränzt von Weiden und Pappeln, mit Primeln
gesprenkelt.
Aber das ist Geschwätz ... Nur sonderbar, daß mein
Sohn wohl schon immer diese Dinge alle wußte,
die für mich doch eine so große Neuheit waren.
Und dies Wissen gab ihm Rechte,

und diese Rechte gaben ihm das Geheimnis ...
Nicht wahr, du weißt es, Scheißerle, doch sagen wir's noch einmal:
Die Väter wollen ihre Söhne sterben lassen (sie schicken
sie also in den Krieg), und die Söhne wollen ihre Väter
töten (also protestieren sie beispielsweise gegen den
Krieg und verachten mit Stolz die Gesellschaft der Alten,
die ihn will). Nun, ich wollte
meinen Sohn ja gar nicht umbringen ...
ich wollte selber umgebracht werden!!
Findest du das nicht eigenartig?
Er aber wollte mich nicht umbringen
– und auch nicht selber umgebracht werden,
willig und ergeben
wie seine braven Altersgenossen –
er wollte mich nicht umbringen und sich nicht umbringen lassen!!
Nicht das eine und nicht das andre, verstehst du, Scheißerle?
Er machte sich überhaupt nichts aus mir und
aus all den Morden, alten wie neuen,
die einen Vater mit einem Sohn verbinden ...
So hatte er alles von sich abgeschüttelt
und ging und lebte für sich allein,
ignorierte mich, mied mich, war ganz wo anders.
War das die Zukunft, so war nichts vorauszusehen.

Lieber Scheißerle, was soll ich dir sonst noch sagen?
Man sprach mir die Unzurechnungsfähigkeit nicht zu:
und doch habe ich geglaubt,
was ich immer noch glaube,
daß mein Sohn im Krieg gefallen ist.
Und dies ist in der Tat die Wahrheit.
Du weißt es doch – es hat einen Krieg gegeben.
Gehst du durch unsre Städte und siehst aufmerksam hin,
findest du noch Reste von Ruinen
... wie Trümmer von Trümmern ...

Häuser, denen beschieden war,
nicht wieder aufgebaut zu werden.
Und sie stehen trübselig da nach so vielen Jahren,
inmitten neuer Gebäude, gleichsam verloren in einer
Oase vergessenen Schmerzes. Sie sind Überlebende
– wovon eigentlich? – in einem eigenartigen, weißlichen,
oder düsteren Widerschein, und um sie ist ein scharfer
Geruch von nassem oder allzu versengtem Gras.

Mein Sohn ist verschollen in eben dem Krieg,
dessen Ruinen, geheim jetzt, noch da sind.

Doch was erzähl ich dir, armer Scheißerle? Mein Leben?
Die Geschichte nur eines Vaters? Ach nein, das ist nicht die
Geschichte nur eines Vaters. Und sie hat nicht nur einen
Sinn.

Pylades

Personen

CHOR
OREST
PYLADES
JUNGE
ALTER
ZWEITER JUNGE
DIENERIN ELEKTRAS
ZWEITER ALTER
FREMDER
FRAU
BAUER
EUMENIDEN
FURIEN, stumm
ELEKTRA
ATHENE
DRITTER JUNGE
BOTE
SOLDAT
DRITTER ALTER

Ort der Handlung: Argos und Umgebung

Prolog

Platz in der Stadt Argos

CHOR

Klytaimnestras und Aigisthos' Leichen
lagen viele Tage hier
auf dem Platz, in der Sonne.
Wir betrachteten sie und gedachten
unsrer Vergangenheit, des alten Regimes.
Das Blutgerinnsel aus
den Leichenmündern
wurde mählich schwarz;
und in den Köpfen, weiß von Staub,
verloren die Augen mählich jedes Licht.
Doch wie's in solchen Fällen sich begibt,
entschloß sich endlich einer,
mit dem stummen Einverständnis aller,
sie zu bestatten.
Da wurde der Hauptplatz dieser Stadt
wieder so, wie er immer gewesen.
Und die gedungenen Mörder
des Herrscherpaars über die Stadt,
sie bewegen sich noch unter uns,
verängstigt, ja, doch ungebeugt.
In diesem Volk aus armen Leuten
ist die Tyrannei für viele
das Brot gewesen, für andere
ein Grund, gegen sich selbst Tyrann
zu sein, oder zu glauben, etwas zu taugen.
In Wahrheit sind die Henker
alle arm oder schwach: also
grausam wie hungrige Bestien.

Aber wir ... sind wir etwa besser?
Wenn wir nichts andres können als auf
neue Obrigkeiten warten?
Die schöne Sonne über Argos,
diese Frühlingssonne,
die so unvermutet kommt
und sommerlich warm ist,
trägt uns Wohlgerüche in die Märkte
und die stillen Straßen des Zentrums:
Die Stadt macht keinen Fortschritt und keinen Rückschritt,
nur dieser Frühling ist in ihr, nichts weiter.
Elektra ist Frau; und ist allein
im Palast der ermordeten Könige.
Sie kann nichts andres als in die Kirche oder
auf den Friedhof gehen; und fürchtet sich
wie wir vor der Vergangenheit und
liebt sie mutlos und
ohne wissen zu wollen.
Wir alle erwarten Orest.
Was aber wird bei seiner Rückkehr geschehen?
Kann denn nach allem, was vorgefallen,
alles wie früher von neuem beginnen,
während nach und nach
der Frühling dem Sommer Platz gibt?
Und käme Orest nie mehr zurück
– was anzunehmen ist –, könnte sich
dann je etwas ändern? Und
welchen Sinn, welche Formen hätte dann dies
unser Leben aus einem schon gelebten Leben?

Unsere Mutigsten denken:
Es mußte so kommen, weil wir
alles den Göttern überlassen haben!
Es mußte so kommen, weil wir
erst die Herren, die uns väterlich
regierten, und dann die Herren,
die unsere grausamen Tyrannen waren,

als Ausdruck eines uralten
Willens betrachtet haben,
stärker als wir, die wir doch nur Menschen sind!
Es mußte so kommen, weil wir
als tiefsten und wahrsten Gesang
in der Tiefe unseres Lebens jenen
düsteren der Furien betrachtet haben!

1. Episode

Vor dem gewesenen Königspalast der Stadt Argos

OREST

Hier stehe ich. Wonach mich so
verlangte in den Tagen meiner Verfolgung,
nun sehe ich euch wieder. Doch wie ganz anders
hatte ich mir diese Heimkehr gedacht!
Wenn die Flucht aus meiner Heimat
und diese meine Heimkehr jetzt
– tiefvertraute Dinge in mir,
in meines Landes Tradition –
wenn sie mich so gelassen hätten, wie ich war ...
wenn sie nur eine Reise in mir selber,
ein Wachsen in mir selber, in Orest ...
ein Geständnis allein für die Ohren
der alten Schutzgötter gewesen wären ...
Wieviele Vater- und Muttermörder gleich mir
hat doch unsere Geschichte schon gesehen!
Mit Blut sind wir wahrlich erfahren!
Dies Blut, das einen unrein in den Augen der andern,
aber auch nicht anders als die andern macht.
Fühlt sich doch ein jeder in seinem Innern
dem Mörder brüderlich verbunden
und erwartet – brüderlich – daß dieser
büße und bereue und zum gemeinsamen Leben
in gemeinsamer Gottesliebe wiederkehre.

CHOR

Ja. Vielleicht. Unrein gingst du weg und anders kommst du wieder.
Doch sagst du uns, du habest dir solch eine Rückkehr nicht gedacht.

Wir übrigens auch nicht ...,
die wir bereit waren und bereit sind,
dich mit allen gebührenden Ehren zu empfangen –
als brüderlichen Mörder, dem Gott verziehen hat.
Doch wo ist hier das Neue? Ist es gut oder schlecht?
Wenn du meinst, daß wir willens seien, zu begreifen
– und dabei die Vorstellung außer acht lassen könnten,
die wir von uns, von dir immer hatten –,
dann rede uns von dieser deiner wirklichen Heimkehr.

OREST
Eine Gottheit hat mich erleuchtet.

CHOR
Welche?

OREST
Vielleicht kennt ihr nur den Namen,
weil ihr ihn von Leuten aus Attika
vernommen habt. Sie heißt Athene.

CHOR
Doch, wir kennen diese Gottheit.

OREST
Sie ist die letzte der Götter. Sie ist
nicht in alten Zeiten geboren, ihre Geburt verliert sich
nicht im Dunkel der Jahrhunderte.
Heutigentags, unter uns kam sie ans Licht.
Als wäre sie von uns gezeugt ...
Ihre Stunde ist weder das Morgengrauen noch die Abenddämmerung,
sondern des Tages Herz; und ihr Kult will
keine abgelegenen Heiligtümer inmitten der Felder:
Ihre Orte sind stattdessen Märkte und Plätze,
Banken, Schulen, Stadien, Häfen,
Fabriken. Die Jugend kennt sie besser als wir.
In der Menschenmenge, im vollen Licht
offenbart sie sich.

Der Grund? Weil sie keine Eltern hat.
Sie wurde nicht auf dunkle und schreckliche Art
geboren wie wir – und wie die andern Götter –,
aus einer Liebe zwischen zwei Unbekannten,
die sich in anderen Zeiten vereinigten
und schon vor unseren Jahren erwachsen sind
unter den Sonnen der Vergangenheit, in den
nicht zu beschreibenden Zeiten der Hochzeitsflüge.
Sie hat nicht die Erwartung im Leib durchlebt,
wie ein Kalb oder ein Hund: Sie kam nicht zuckend
aus dem Dunkel einer tierischen Mutter ans Licht.
Sie fand nicht auf der Welt neben ihrem tränennassen
Körperchen hier eine Mutter und dort einen Vater,
zwei Riesen. Und wurde nicht augenblicks
vom Verlangen ergriffen, zu werden wie sie und
sich ihrer heiligen Ideale würdig zu erweisen.
Von solchem Leidensweg eines Fleischs und eines Nichts,
das heranwächst und dessen Form annimmt, dem
es gleichen muß, kennt sie nichts: Sie hatte
keine Mutter, die verrückt oder zu bescheiden war,
keine Mutter, die Sklavin des Vaters,
mörderische Tigerin oder gefügige Kuh war.
Sie hat nur einen Vater.
Aus dem Haupte des Vaters kam sie ans Licht.

Keine Erinnerung an ohnmächtiges Fleisch
ist folglich in ihr verblieben.
Sie hat überhaupt keine Erinnerung: nur
über die Wirklichkeit weiß sie Bescheid.
Das, was sie weiß, das ist die Welt:
Gegen ihr Wissen sind Widersprüche absurd.

CHOR

Doch wie sollen wir diese Göttin kennen und sie um etwas bitten, wenn sie nichts mit uns gemein hat?
Wenn wir sie wegen ihres Andersseins
nicht fassen können?

OREST
Nein, so verhält sich das nicht, Freunde, sie ist ja in uns!
In euch noch mehr als in mir, denn ich bin Königssohn
und daher viel mehr ins Dunkel und in die
blutigen Pflichten der alten Normen verstrickt.
Ihr braucht sie nur in euch zu suchen und
freizumachen, die freie Göttin:
Ihr selbst habt sie erst möglich gemacht.

CHOR
Was sollen wir tun?
Wie sollen wir uns ihr gegenüber verhalten?
Was sollen wir von ihr erbitten (denn wir fühlen,
daß wir dringend etwas von ihr erbitten müssen)?
Wie sollen wir unsere Institutionen auf sie abstimmen?

OREST
Sie verlangt vor allem Mut von euch.
Nichts ist unnatürlicher, als zu vergessen:
Und doch will sie, daß ihr vergeßt.
Ihr fragt, was ihr vergessen sollt?
Unsre Vergangenheit: Aber
die Vergangenheit kann ja nicht sterben.
Also ... hat sie die finstersten, die wildesten
Gottheiten der Vergangenheit verwandelt ...

CHOR
Die Furien?

OREST
Ja, verwandelt in Gottheiten der Träume ...

CHOR
Wie? Was meinst du? Wir verstehen nicht ...

OREST
Wir sollen nur träumen von der Vergangenheit.

CHOR
Sollen wir die Vorfahren nicht mehr ehren?

OREST

Eine bessere Art als im Traume zu lieben, gibt es nicht:
Also werden wir unsere unvergeßlichen Väter
im Traume lieben. Und uns die Träume erzählen.
Denn die neuen Gottheiten – mit Namen Eumeniden –,
in die sich die Furien verwandelten, sie
können jenen Träumen, die uns nur schreien ließen,
mit dem Worte eine Lieblichkeit verleihen.

CHOR

Berichte uns der Reihe nach, damit wir begreifen ...

OREST

Die Furien hetzten mich, um
mich zu quälen wie jeden Mörder,
der mit uns auf unsere Weise gelebt hatte.
Oh, ihre Argumente waren
schon seit meiner Kindheit in mir!
Und ich hatte mich ihnen auf immer ergeben.
Doch wurde ich unvermittelt, wie ich schon sagte,
von ihnen befreit. Athene hat mich von ihnen befreit.

Aber nicht sie hat das
Urteil über mich gesprochen!
Hört mir gut zu!

Damit das Urteil über mich gesprochen werde,
setzte sie ein Gericht von Männern ein,
die das Volk gewählt hatte, also Leute wie euch:
Leute, die erschraken, zum ersten Mal
die Verantwortung für ihr eigenes Urteil tragen
und sagen zu müssen,
was sie wissen
und nie geahnt hätten, zu wissen.

Wie glücklich waren meine Augen, wie glücklich war mein Herz,
Zeugen dieses ersten menschlichen Gerichts zu sein!

Angeklagt war ich und bangte wohl um mein Leben:
Doch welch unfaßbare Freude, diese Gesichter
einfacher Stadtbewohner vor mir zu haben,
die noch mehr bangten als ich, doch sich ganz
allmählich lösten – bis in ihren Augen
eine Würde gleich
derjenigen der Götter erstrahlte.

Es gibt nichts Schöneres auf der Welt
als das Leuchten solcher Augen!

Also sprachen die Bürger von Athen das Urteil
über mich: Zum ersten Mal in ihrem Leben
tadelten sie das Tun der Götter.
Und was für ein Ausbruch von Freiheit
auch in denen, die aus alter Furcht
zusammen mit den Göttinnen der Vergangenheit
gegen mich stimmten!
Man erklärte mich für unschuldig.

Da schrien die Göttinnen der Vergangenheit,
ein Sakrileg sei solch ungerechte Vergebung,
die nur eine Ära, die ihre, beenden wolle.
In diesem Augenblick vollbrachte
Athene ein zweites, noch größeres Wunder.
Denkt euch:
Wahnsinnig waren diese Göttinnen
mit dem Namen Furien, und
wahnsinnig sollten sie bleiben
mit dem Namen Eumeniden.
Doch von Stund an sollte ihr Wahnsinn
nicht mehr der Wahnsinn der Angst, aber
der Wahn des Träumenden sein:
fruchtbarer und freudiger Wahn, ein
schwärmerischer, inspirierter Bruder der Vernunft.
So richtig war dieser Entschluß Athenes,
daß er ganz natürlich erschien:
und augenblicks von allen gebilligt wurde.

Jetzt krümmten und wanden die Furien sich
nicht mehr, sondern tanzten;
und schrien
nicht mehr, sondern sangen;
ihr Haar streckte sich, gleich Ähren,
über anmutigem Hals, über anmutigem Lächeln.
Die strenge, die kalte Vernunft
war in ihnen anmutiger Tanz.
Und also tanzend zogen sie in die Berge,
die in Anmut unsere Städte umgeben.

CHOR
Und was sagte das Volk von Athen,
als es keinen König mehr hatte, dessen Macht sich
eben auf den Terror dieser alten Göttinnen gründete?
Was sagte es, als es sich selbst überlassen war?

OREST
Dies Volk hatte ja alles bedingt: schon seit langem
war es, ohne es selber zu wissen, dazu bereit.
Wie du heute, du Volk von Brüdern!

Darum also ist meine Heimkehr so ganz anders,
als ich sie mir vorgestellt.
Nicht als König komme ich zu euch,
sondern als Athenes Gesandter.
Kein neuer Agamemnon werde ich sein, und ich habe
nicht meine Mutter getötet, um diesen Platz zu besetzen!
Ich will euch keine Befehle erteilen wie ein
Vater, den die Angst zum Schurken gemacht hat, und der
darauf wartet, daß die Söhne, vor Machtgier auch
zu Schurken geworden, ihn morden.
Ich will gemeinsam mit euch die Institutionen
ändern, die mich zum König bestimmen.

CHOR
Aber du hast doch ein Recht darauf ...

OREST
Gewiß. Doch auf dies Erbrecht verzichte ich:

Ein frei unter Gleichen gewähltes Gericht
– die Bürger Athens, die mit ihrer Arbeit
die wahre Macht der Stadt darstellen –
sprach mich frei von meinem absurden Mord.
Nun wird ein ebenso frei aus dem Volk von Argos
gewähltes Gericht entscheiden, ob ich
König bleiben soll, und was für einer.

CHOR
Das können wir doch gar nicht . . .

OREST
Göttinnen der Angst und Unsicherheit waren die Furien:
doch jetzt sind sie Eumeniden, Göttinnen
des Muts und der Eingebung.
Geht also und bereitet in der Stadt die Wahl vor.
Pylades, der in diesen Todesjahren
bei mir gewesen ist und meine Wiedergeburt miterlebt hat,
er wird euch wie ein schüchterner Lehrer
die ersten Schritte in die Freiheit zeigen.

CHOR
Wir wollen dir folgen. Und dabei ist etwas in uns,
das uns mehr berauscht
als jede andere Freude,
die wir in unserm Leben bisher hatten.
Chor mit Pylades ab

JUNGE
Elektra kommt . . .
Aber ihr Gesicht und ihre Kleidung
sind gar nicht festlich.
Ihr Gesicht ist traurig, und diese Trauer läßt
jeden aus Respekt oder Angst
verstummen, der sie ansieht;
sie kommt als Königin: ihre Schmerzen können
wir nicht verstehen und nicht beurteilen;
ihr Gewand ist das der Trauer.

Elektra kommt herein.

OREST
Elektra, Schwester, ich bin wieder hier,
und alles, was wir erträumten, ist jetzt
noch schönere Wirklichkeit . . .

ELEKTRA
Was tust du? Was geht in Argos vor?

OREST
Es gibt Neuigkeiten, die unsere Freude,
gemeinsam frei zu sein, noch größer macht.

ELEKTRA
Bist du denn derselbe Orest, der von hier weggegangen ist,
der Sohn des Agamemnon und der Klytaimnestra?

OREST
Natürlich. Doch wessen Sohn ich bin,
ist ohne Belang.

ELEKTRA
Und warum besuchst du nicht
als allererstes
ihre Gräber?

OREST
Am Grabe meines Vaters werde ich beten. Ihn
habe ich nicht vergessen. Nun ist er in meinen
Träumen
und spricht zu mir Worte der Gnade, in den Träumen.

ELEKTRA
Weißt du, daß jetzt auch Klytaimnestra ihr Grab hat?
Und du, mit Vergebung der Götter, vielleicht
hier bist, deinen Platz als König einzunehmen?

OREST
Nein.

ELEKTRA
Du weißt, daß ich unsere Mutter
noch mehr haßte als du.
Doch jetzt, eine Verstorbene, ist sie wieder Königin.
Sie hat ihren Platz unter denen eingenommen,
die über die Erde herrschten; und noch herrschen
(wenn die Erben ihrer würdig sind). Aber was tust du?
Mit was für einer Leere im Herzen bist du heimgekehrt?

OREST
Auch im Herzen waren wir einmal
Geschwister. Ich hatte sehr auf dich gebaut
für die Tage, die nach Kriegsende
wieder die von immer sein würden ...

ELEKTRA
Für mich hat sich nie etwas geändert.
Klytaimnestras Tod ist
nur Sache unseres Hauses.
Aber sie, sie
war Königin.

OREST
Du sagtest es schon! Doch ob ich König werde, und was für einer,
das haben jetzt die Bürger von Argos zu entscheiden:
sie werden sich dann mit mir in die Macht teilen.

ELEKTRA
Also ist es wahr! Dies ist die große Neuigkeit!

OREST
Dies.

ELEKTRA
Weißt du, Orest, wer Klytaimnestra begrub?
Ich begrub sie. Mit meinen eigenen Händen.
Weißt du, wo ich sie begrub? Neben dem Grabe
Agamemnons und der andern Väter – und der Väter der Väter.

OREST
Von dir ein einfacher Akt der Pietät.

ELEKTRA
Oh, wage nicht, die Kette zu sprengen, die uns
mit der Vergangenheit verbindet, wo das Licht ist!
Das Licht, davon wir gesättigt und wonach wir unersättlich sind;
das Licht, das aus der Tiefe der Jahrhunderte jedem Augenblick
und jedem Tun in der Stadt die Berechtigung gibt, zu sein;
das Licht, das uns vor Skandal beschützt ...

OREST
Aber ich habe auf dies
ganze Licht verzichtet ...

ELEKTRA
Willst du denn ändern, was heilig ist?

OREST
Für eine neue Göttin ist es das nicht mehr.

ELEKTRA
Du lästerst: Was du bist und was du tust,
läßt mich in Skandal und Schmerz erschaudern.

OREST
Mir scheint, die Bürger von Argos
teilen nicht Skandal und Schmerz mit dir.
Für uns alle fängt ein neues Leben an:
Warum nicht auch für dich?

ELEKTRA
Ich habe mich – all die Jahre –
an ein Nonnenleben gewöhnt:
allein mit meiner Einsamkeit.
Ich werde wieder von vorn anfangen.

Nein, sage nichts!

Lieber will ich sterben, als dir zuhören. Denn
die Treue, die mich an das bindet, was ich verehre,
wiegt das ganze Leben auf. Ich bin ihm untertan.
Doch ob dieser Erhabenheit, die so erniedrigt,
weiß ich auch zu hassen: und mein Haß enthält
mehr Liebe als deine ganze Brüderlichkeit.

OREST
Weißt du, Elektra,
wie berauschend die Luft
heute abend in Argos ist?
Als verwehte ein Wind die welken Blätter
unserer unvernünftigen Haßgefühle
und düsteren Lieben.
Warum willst du nicht mit uns sein?
Warum willst du dich der Zukunft verweigern,
dich in starrer Einsamkeit verlieren?

ELEKTRA
Da täuscht du dich. Viele haben in Argos noch
die grenzenlose Gewißheit
der Götter, die ich in mir fühle.
Weißt du, wer mir zur Seite stehen wird?
Alle, die einstmals treue Gefolgsleute
des Aigisthos und der Klytaimnestra waren.

OREST
Jetzt lästerst du aber.

ELEKTRA
Oh, mit mir werden die freiwilligen Sklaven
der Tyrannen sein, die wir beide so sehr haßten.
Du Mann des üblen Lebens, der du kamst,
das Land zu verfluchen.
Jene sind mir mehr wert als du.
Und kommen sie jetzt zu mir, um mit mir in meiner
Einsamkeit zu weinen und an früher zu denken,
will ich sie als Freunde, als einzige Freunde empfangen.
Mit ihnen werde ich eine gemeinsame Überzeugung teilen, so

groß wie Erde und Zeit. Wir werden das Feuer wachhalten, das die Größe der Vergangenheit erhellt.

Chor und Pylades kommen herein.

CHOR
Alles ist vorbereitet.
Noch nie sahen wir eine solche Bereitschaft,
eine solche Fröhlichkeit in unsern Stadtbezirken.

Jeder teilt die Freude des andern: In jeder Wohnung
wird das Fest (wie anders willst du es nennen?), das
der ganzen Stadt bevorsteht, wie ein
aufregendes persönliches Ereignis empfunden,
das jeden mit großer Liebe zu allen erfüllt.

Unter Pylades' Anleitung
ist alles für morgen bereit.

Aber warum bist du so abwesend, so
in weite Ferne entrückt,
so unbeteiligt an unserer Begeisterung?

ELEKTRA
Ihr gotteslästerlichen Tiere, aus den Höhlen
des Elends und der Dummheit gekrochen,
Knechte, aufgewiegelt von diesem Mörder,
ihr zerstört ... zerstört alles ..., ihr
vergeßt, wo ihr geboren seid!
Schreiend ab

OREST
Seht, meine Schwester Elektra,
die mir allein durch ihre Seelenstärke
geholfen hatte, die Tyrannen zu töten,
sie ist jetzt nicht mehr mit uns.
Mehr noch – und das hat auch seine
unkalkulierbare, wahnwitzige Richtigkeit –,
sie findet ihre Freunde und Verbündeten

eben unter denen, für die wir beide
einmal größten Haß empfanden.

CHOR
Des Aigisthos und der Klytaimnestra Soldaten?

OREST
Ja. Was kann meine Schwester an sie binden?
Welch geheime, tiefe Kraft zieht sie alle zu dem einen
blendenden, berückenden Lichtquell, starr wie wahnsinnige
Priester, und doch durch diesen ihren gleichen
fanatischen und unvernünftigen Haß geläutert?

Der Abend senkt sich, die Sonne meiner Wiederkehr
steht schon dort auf dem Kamm der Berge hinter der Stadt,
wo wir sie ungezählte Male untergehen sahen
im traurigen Azur, wie eine Mahnung für unser Leben.

Oh, es war nur recht so! Wir hätten wissen müssen,
daß es uns schmerzen würde, bis an die
Wurzeln dessen gehen würde, was
uns hatte hoffen lassen. Und
daß jeder Sieg auch eine Niederlage ist.

2. Episode

Vor dem Parlament der Stadt Argos

CHOR
Die Stadt ist jetzt eine andere!
Freilich sind die noch am Leben, die es sich, wie eh und je,
zur Aufgabe machen, die Vergangenheit zu wahren.
Doch in Wirklichkeit bauen wir Bürger von Argos
uns Tag für Tag unsere Zukunft auf.
Unser aller Einkommen hat sich verdoppelt.
Der Handel der Stadt hat sich vervielfacht:
Unsere Waren erobern die Weltmärkte,
als seien sie gesegnet und trügen das
siegreiche Zeichen unseres neuen Glücks.
Die alten Häuser sind abgerissen.
Neue Prachtbauten stehen zwischen noch verbliebenen Hütten.
Das Geld im Umlauf gleicht der Jugend, die nur
Zeit hat, an sich selber und sonst nichts zu denken:
Jeder von uns ist an dem ungestümen Wachstum beteiligt.
Und jeder neue Gewinn ist ein neuer Schritt
weg von der Ungerechtigkeit der alten Götter.

JUNGE
Ich bringe Neuigkeiten, hört!
Ganz komische Neuigkeiten. Von einem Alten
aus den Bergen, bestimmt ein
verrückter Alter, aber so einer
– blaue Fuchsaugen, gerötete Haut –,
der die Wahrheit redet.

CHOR
Und was redet der Alte?

JUNGE
Es scheint, daß die Eumeniden da oben,
an den Plätzen, die ihnen Athene zugeteilt hat ...
Aber da kommt der Alte ja ...

CHOR
Wer bist du?

ALTER
Was nutzt euch mein Name? Ich bin einer von euch. Ein Bürger, der auf den Bergen lebt, mit Kühen und Schweinen.

CHOR
Die Eumeniden ...

ALTER
Mir scheint fast, ihr habt zu wenig
Gebete an die Eumeniden gerichtet!

CHOR
Laß deine Bemerkungen, alter Kuhhirt,
sag uns lieber, was geschieht.

ALTER
Habt ihr schon mal eine Viehseuche gesehen?

CHOR
Nein. Noch nie.

ALTER
Nein, natürlich nicht. Hier in der Stadt
lacht ihr über Derartiges ... Aber wir, was
sollen wir da droben ohne das Vieh?
Die Schafe hirnrissig, die Ziegen närrisch
und die Hühner ... Will sagen, damit ihr
mich versteht: Habt ihr jemals eine
Krankheit gesehen, die eine Herde dahinrafft?
Am Morgen, in aller Frühe, schaut ihr euch die Kühe an:

Da stehen sie auf der Wiese und fressen wie immer,
und wie immer geht ihnen dasselbe durch den Kopf.
Und den Kopf haben sie unten und reißen das Gras ab
und schnauben: und manchmal nehmen sie ihn hoch,
als hörten sie im Traum, daß jemand sie ruft.

CHOR
Ja, es ist gut, wir verstehen, mach weiter.

ALTER
Die armen Kühe, sie haben ja keine Ahnung von ihrer Krankheit!
Das Nachsehen haben wir, wenn wir sie anschauen und zählen
und uns fragen: »Welche ist heute dran?« oder
»Wieviele sind bis heute abend tot?«
Aber sie merken nichts von unserm Blick
und dem Blick des Todes, der sie aussucht,
weiden weiter wie im Traum.
Wenn du dann am Abend siehst, welche und wieviele
tot sind, denkst du, was ist das für eine rätselhafte Krankheit,
aus welch sonderbaren Tiefen des Leibes kommt die nur!
Grüner Geifer vorm Maul und Schorf und Magerkeit
zum Erschrecken, und die Beine tragen auch nicht mehr:
Ach, ist das Böse doch nur das Gute, das verlorengeht –
und ist deshalb so eklig und erschreckend!

CHOR
Und weiter?

ALTER
Und weiter, und weiter . . .
Für die Kuhhirten da droben in meinen Bergen
waren die Eumeniden wie Kühe.
Ihr wißt ja, Athene hatte sie schön gemacht
und da hinaufgeschickt, damit sie
die Träume der Menschen spinnen sollten.
Die Träume, nicht die Gedanken.

Und da waren sie, in den heiligen Hainen,
mit all den Wohlgerüchen der Berge, die so
geheimnisvoll sind wie das Blau des Meers.
Da, auf den Wiesen, unterhielten sie sich und schwiegen,
kamen und gingen, wohin sie
ihre träumerische Verzückung führte.
Genauso wie die Herden der träumenden Kühe.
Auch bei ihnen ist die Seuche ausgebrochen.
Nach und nach begannen welche
zu verkommen: ihr Haar wurde struppig,
sie hockten da wie die Tiere,
die Augen ins Leere verloren. Dann schrien sie etwas . . .

CHOR
Was schrien sie?

ALTER
Ach, was weiß ich, das war schwer zu verstehen.
Aber es ging wohl darum, daß da jemand war,
der sie zurück . . . ja . . ., der sie zurückrief.
Und sie horchten auf diese Stimme und
gaben auch Antwort, nämlich: »Ja, ja,
so sind wir gewesen,
man kann nichts vergessen ...«
Und dann schlang sich ihr Haar, ja,
wie Schlangen auf dem Kopf, Schlangen
mit bösen kleinen Augen; und
aus ihrem Mund kam Geifer; und
es schüttelte sie, wie von der Tarantel gestochen;
und dann rannten sie schreiend weg.

CHOR
Wohin rannten sie?

ALTER
Woher soll ich das wissen?

CHOR
Geschah das mit allen so?

ALTER
Nicht mit allen: aber mit der Hälfte. Wir haben sie gezählt. Jeden Tag eine oder zwei. Wie bei den Kühen. Vergeblich bemühten sich die Gesunden, diejenigen zurückzuhalten, die sich in die Seuche ergeben hatten.
Die verließen die Berge und stoben
wie Affen oder wie tollwütige Hunde
hinunter in die Ebene …

CHOR
Wir müssen uns an Athene wenden. Nur sie kann verstehen, was hier vor sich geht und was zu tun ist.

ZWEITER JUNGE
Schon wieder Neuigkeiten! In dem Haus
vor der Stadt, wohin sich Elektra zurückgezogen hat,
passieren Dinge, die ich euch gar nicht beschreiben kann!
Und eine ihrer Dienerinnen, in Trauer, nur
halb bekleidet, kommt schon zu euch gelaufen.

OREST
Elektra? Habe ich recht gehört?
Wurde Elektra hier genannt?

ZWEITER JUNGE
Ihre Dienerin kommt angerannt
wie eine Priesterin der Furien,
nur mit schwarzen Fetzen bedeckt;
sie huscht wie ein Gespenst der Vergangenheit
durch die Straßen, an den Leuten vorbei,
die so etwas nicht mehr gewohnt sind,
aber aus alter Angst erschauern.

Dienerin kommt herein.

DIENERIN
Da, da haben wir die Wahrheit!
Dieser Bruder, der keiner mehr ist,
hat uns alle betrogen! Es stimmt nicht, daß eine
Göttin ihn erleuchtet hat! Wie hätte denn eine

Göttin gegen das Göttliche sein können?
Untergraben, umgestürzt wurden
unsere Einrichtungen von einem Mörder, der uns
eine Vergebung durch die Götter nur vorgetäuscht hat!

CHOR
Beruhige dich, Alte!
Erzähle uns, was geschehen ist.

DIENERIN
Ich, eine alte Dienerin aus Elektras Hause,
Dienerin, die von Dienerschaft abstammt, also
im selben Lichte geboren und aufgewachsen ist,
das über der Herrschaft leuchtet:
Kann ich wohl die Unwahrheit sagen?

CHOR
Nein. Sicher nicht.

DIENERIN
Allein, verzweifelt, verzehrt von Schmerz
und Entrüstung – die sich doch nur in
nutzlosem Klagen und ohnmächt'ger Rachgier
äußern können – weilte Elektra im Säulengang
ihres Hauses, im Schatten. Ich neben ihr.

Da sahen wir hinter dem Hof und
hinter den Dunggruben, dort, wo am Rand
vor den Maisfeldern das Gras zertreten ist,
wie aus dem Nest geschüttet ein glänzendes
– Knäuel von Nattern still in der Sonne liegen . . .
Sie schaut hin und schweigt, aber ich rufe Diener
mit Stöcken. Und sie laufen dienstbeflissen hin
und schlagen zu: Doch noch weiter hinten,
auf den vergilbten Stellen, in der Sonne glänzend,
sieht man noch andere Knäuel von Nattern. Andere Diener
kommen mit anderen Gegenständen, auch mit Feuer.
Wieder schlagen sie, dann brennen sie das Gras an,
schwarzer Qualm steigt auf, und kleine Flammen, rosa

in der grellen Sonne, kreisen knisternd
diese Natternknäuel ein, die sich
winden und springen wie nach Luft
schnappende Fische, die man an Land gezogen hat.
Aus der Nachbarschaft waren viele Leute gekommen:
erschrockene Frauen, Kinder und auch Männer,
die an dem Tag nicht zur Arbeit waren.
Sie alle können's euch bezeugen.
Denn auch sie fielen mit uns auf die Knie
und sangen die alten Gesänge.
Das waren keine Knäuel ineinander verschlungener
Schlangen!
Es waren die Haare von Furien, die vor unseren Türen
da draußen schliefen: wie von langer Reise erschöpfte
Pilger, die nicht den Mut haben,
sich nicht trauen, um Aufnahme zu bitten.

CHOR
Also ist die Hälfte der Furien zurückgekehrt ...

OREST
Wäre dies nicht gegen die Vernunft,
aber wahr, dann müßte ja Elektra
sie als erste wieder gesehen haben ...

DIENERIN
Sie sind immer hier bei uns gewesen.
Nichts ist anders geworden.

OREST
Wäre es wahr, dann würde Elektra
aus einem Grund triumphieren,
über den man weinen müßte.
Aber es ist nicht wahr.

CHOR
Wir fürchten um unsere Stadt!
Wir waren so stolz auf ihr Wachstum ...
Unsere Kinder standen uns so beflissen zur Seite
beim Errichten eines neuen Zeitalters ...

OREST

Ihr sollt den Mut nicht verlieren. Bis jetzt wissen wir nur um die Träume eines alten Hirten und einer Verrückten. Wir wollen jetzt gemeinsam versuchen, die Sache aufzuklären. Notfalls werden wir noch einmal die todbringenden Mächte der Vergangenheit vertreiben.

PYLADES

Verzeiht ... ich bin nicht gewohnt ...
vor der Allgemeinheit zu sprechen ...
Die Erregung nimmt mir den Atem ...
Ich bin kein Redner ..., aber ich
möchte euch doch eines sagen ...

CHOR

Rede, Pylades. Pylades!

PYLADES

Ich meine ... Orest macht sich Hoffnungen ...,
ich aber nicht ... Wenn nämlich
Tod und Vergangenheit mit dem ... Unrecht
verbunden sind ..., dann ist das Unrecht
auch mit Tod und Vergangenheit verbunden ...
Und wenn die Furien noch unter uns sind,
dann heißt das ...
Oh, verzeiht mir, verzeiht ...

3. Episode

Tribunal der Stadt Argos

CHOR
Pylades, der gehorsame,
der schweigsame, der diskrete,
der schüchterne Pylades, der Mann, der dazu geboren ist,
Freund zu sein, der Mann, der für sich selber nichts
außer dem Schatten will, er, der Gefährte, der stets
zugegen ist, mit dem man ein Leben teilt, der aber
keinen Anspruch erhebt, daran teilzuhaben,
Pylades, der nicht urteilt, aber mit Urteil liebt,
Pylades, der stark ist, aber aus seiner Stärke ein Geschenk macht:
Ist Pylades denn so geworden, daß man ihn nicht wiedererkennt?
Ist Pylades zum Urheber des Skándalon geworden?
Ist er ein fleischgewordnes Anderssein, das in
unsre Stadt kam, um einen Nährboden von Verrat
und neuen Realitäten zu bereiten?
Unsere Ordnung in Frage zu stellen, die uns jetzt heilig ist
und in der wir unter dem Zeichen der allerreinsten Gottheit leben?
Doch wer ist denn Pylades gewesen?
Wer von uns kann sagen,
ihn tatsächlich gekannt zu haben?

ZWEITER ALTER
Oh, gewiß ein Andersartiger. Doch seine Andersartigkeit
war für uns solcherart, wie wir in unserm Innern
die Andersartigkeit begreifen wollten. Das heißt:
Wir erkannten in ihm einen von uns

– weiter nichts als einen von uns –,
der mit einer geheimnisvollen Gnade ausgestattet war.
Gibt es ja noch unter den Menschen allgemeine Ideale:
So wissen wir, was Treue ist, was Redlichkeit,
Uneigennützigkeit und Begeisterung – doch selten
folgen wir selber solchen Idealen ...
Und geschieht es dann, daß einer in seinem Leben
sie befolgt – aus seiner Sicht und auch
in Wirklichkeit –, so halten wir das
für eine Gottesgabe.
Wir meinen, dies sei schlicht die Art, mit der
er auf die Welt gekommen
und die ihn gar nichts koste
– wie auch die unsre uns nichts kostet.

Ja, wir denken, er sei nun mal so – nämlich ein
idealer Mensch –, und dies sei kein Widerspruch
zu den gewohnten menschlichen Normen.

CHOR
Aber was hat er nun an Stelle
dieser Gnade, die wir in ihm glaubten?

ZWEITER ALTER
Eben die Andersartigkeit. Aber die *wirkliche*, die
Andersartigkeit, die wir nicht begreifen, wie
eine Art die andere nicht begreift.
Eine skandalöse Andersartigkeit.

CHOR
Aber wie und woraus entsteht so eine Andersartigkeit?

FREMDER
Ich stamme aus seiner Heimat.
Ich kannte Pylades schon als kleinen Jungen,
als ich in seines Vaters Diensten stand.

CHOR
Aus was für einer Familie ist er denn?

FREMDER

Aus einer der besten in der Stadt,
von fast königlichem Ansehen.
Die Freundschaft der beiden Jungen
begann im Königspalast.

CHOR

Und wie begann sie?

FRAU

Wie sie begann! Oh!
Fragt man so etwas!
Ich war nicht dort, vielleicht
war ich noch gar nicht auf der Welt.
Aber man weiß doch, wie so etwas geschieht.
Ein Traum, mit den Augen einer Frau gesehen.
Ja, ein echter Traum ist das geheimnisvolle
Leben der Jungen,
wenn sie noch nicht im Alter sind,
das sie als junge Väter haben will ...

Sie sind unter ihresgleichen
oder mit den Lehrern: Und wir Mädchen
betrachten sie aus der Ferne
(und irgend etwas nimmt uns den Atem,
ein Neid oder ein Bedauern,
wer weiß das schon).

Ihre Sehnsüchte, Zornausbrüche und Friedensschlüsse,
ihre einsetzende Gewalt und ihre Schönheit,
die so viel weniger verborgen ist als bei den Frauen:
diese zukünftige väterliche Macht
in den Gliedern von Welpen
oder zarten Athleten.
Bei den Unruhigsten diese unverschämte Anmut
– dereinst Männer wie alle andern auch – und
bei den künftigen Anführern dieser Ernst
sind doch nur Vorboten
in ihren lustigen, in ihren ernsten Augen.

Nun, untereinander haben sie solche Freundschaften,
die Lieben sind.
Und wir Mädchen verstummen verschüchtert
wie Ausgestoßene oder Sklavinnen
angesichts solcher Lieben,
die Schatten über unserm Schicksal scheinen.

Seht ihr denn nicht, wie hell die Augen des Orest sind?
Seht ihr denn nicht, wie dunkel die Augen des Pylades sind?
Seht ihr denn nicht, wie die Augen des Orest ihr Licht
von außen erhalten, von Sonne oder Sternen?
Seht ihr denn nicht, wie die Augen des Pylades hingegen
ihren Glanz von innen, von einem unruhigen Licht
erhalten?

Seht ihr denn nicht das blondgewellte Haar
des Orest
und das dunkelgekräuselte
des Pylades?
Sehr ihr denn nicht, wie Orest ganz Glorie ist
und Pylades ganz Sammlung?
Und ist Orest nicht schlank und rank und hochgewachsen
und Pylades ganz Feuer und stark und untersetzt?

CHOR
Eben darum sind wir so erstaunt
und können uns noch nicht richtig entrüsten
über den Wahnwitz des Pylades.

OREST
Oh, der Götter Gerechtigkeit ist zu gerecht!
Erhörten sie mich doch übergenau,
als ich nach der Entdeckung
einer neuen Gottheit,
die ich von einer höherentwickelten Nation hierher
in die meine gebracht – eine noch bäuerliche und von
Armut und Religion bedrückte –,
mich zum Opfer erbot!

Damit hatte ich sagen wollen, daß ich
bereit war, meinen Reichtum, meine Macht und auch
mein Leben darzubieten. Zu kämpfen, zu leiden,
ins Gefängnis und selbst an den Galgen zu kommen:
Alles Dinge, die ein Mann
fast mit Freuden erträgt.
Die Götter aber nahmen mich beim Wort und ließen
mich erfahren, was wirklich weh tut.

JUNGE
Pylades kommt ... nicht frei und nicht gefangen.
Jedenfalls sehen seine Wächter wie die Leibwache
eines neuen Königs aus, und die Menschen auf den Straßen
blicken ihm nach wie einem Bruder ...

Pylades kommt herein.

OREST
Pylades ...

PYLADES
Du hast mich herbringen lassen ...

OREST
Ja, Bruder ...

PYLADES
Wie nennst du mich?
Hörst du nicht, wie falsch das klingt?
Es gibt keine Realität, und sei sie noch so schön und
noch so verwurzelt in einem Leben – um gar eins
mit ihm zu sein –, die nicht auch alt wird.
Des Menschen wahre Mühe ist es, dem
Abenteuer dieser Realität zu folgen.

OREST
Was ist in Argos zum Stillstand gekommen?

PYLADES
Wer sagt das?
Ganz im Gegenteil, Argos bewegt sich!

Bewegt sich ...
auf seine Vergangenheit zu.

OREST
Nein! Das ist nicht wahr ... Wir machen Fortschritte
mit der Arbeit, mit dem Reichtum, mit der Macht
– in Frieden.

PYLADES
Alle haben wieder die Furien gesehen
in Argos. Alle, nur du nicht
und dein Parlament ...

OREST
Hirngespinste von Verrückten und Erbärmlichen ...

PYLADES
Sind die Verrückten und Erbärmlichen nicht deine Bürger?

OREST
Aber sie zählen doch nicht!

PYLADES
Sie bilden die überwiegende Mehrheit der Stadt.

OREST
Schließlich haben auch sie uns gewählt!

PYLADES
Wer beriet sie denn bei ihrer Wahl?
Wer stand neben ihnen? Athene vielleicht?
Nein, sie hatten schon wieder, wie einst,
ein Knäuel von Nattern neben sich,
einen verfaulten, wurmzerfress'nen Schädel,
eine Stimme voll Todestrunkenheit.

Und was flüsterten ihnen diese Schemen zu?
»Arm bist du und hast nichts.
Die panische Angst vor dem Heute und dem Morgen,
die Unkenntnis der Vergangenheit und die Resignation,
das sind deine Hausgötter, und sie sind ebenso

verkrüppelt und zerlumpt wie du selber: Wir Furien
nährten uns vom Unrat deiner Müllhalden,
vom Staub deiner Behausungen, vom Schorf
und von den Würmern deiner Kinder.
Bist du Arbeiter,
so nährten wir uns von deinem schlecht entgolt'nen
und daher entwürdigenden Schweiß;
und bist du Frau,
so nährten wir uns von deinem Sklavendasein.
Willst du unsern Rat? Wähle die
an die Macht, die mehr taugen als du.
Tu's uns, deinen Göttinnen zuliebe.
Denn besser als von deinem
Elend nähren wir uns
von den Überresten ihrer Tafeln
und von ihrem übel verdienten
Gold – ohne das ihr gar nicht leben könntet.«

OREST
Athene ist unter uns geboren, hat uns zu Werkzeugen
ihres Lichts gemacht: Ihr verdanken wir
unsere Einrichtungen und Wertbegriffe.
Wir machen unseren Wählern reale Versprechungen.

PYLADES
Und doch bewegt sich alles rückwärts.
Die größte Anziehungskraft auf einen jeden von uns
übt die Vergangenheit aus, weil sie das einzige ist,
was wir tatsächlich kennen und lieben. Und das
in solchem Maße, daß wir sie mit dem Leben verwechseln.
Der Leib unserer Mutter ist unser ganzes Streben.
Athenes Vernunft, die nicht den Mutterleib und
nicht die aus Heimweh entstandenen Perversionen und
auch nicht die tödliche Mühe kennt, die jede Aktion
verlangt, sie ist wirklich in deinen Geist gefahren
und hat ihn zu ihrem Werkzeug gemacht:
Aber der Geist kehrt um.
Wiedergewonnen wurde er auf ewig

von dem, was er verloren hatte.
Du siehst die Furien nicht,
weil sie dir zu nahe sind.

OREST
Die Furien mir zu nahe?

PYLADES
Genau wie sie bist auch du wieder geworden, was du warst.
Du hast dich wieder in dein altes Sein gefügt,
hast es wiedererworben kraft der Unschuld
von Geburt und Kindheit:
Ein Königssohn bist du.
Obwohl dich Athene mit ihrer reinen Vernunft erleuchtet hat:
Ein Unreiner bist du doch,
denn in dir ist deine Geschichte.
Aber diese ändert sich jetzt.
Das Dunkel deiner
leuchtenden Abstammung und Athenes Lichtgedanke
machen dich unfähig,
die Veränderung zu erkennen.
Gibt doch jedes falsche Gefühl eine
felsenfeste Überzeugung, es zu haben:
So meinst du, mit dem ungetrübten Auge der Vernunft zu sehen,
und siehst nur mit dem kurzsichtigen Auge des Mächtigen.
Folglich ist deine Veränderung ein Rückschritt,
dein Vorwärtsgehen nur ein Kriechen
auf dem ein für allemal festgelegten Weg,
während das Leben doch stets tausend Wege hat.

Du gehst auf die Jagd, du verwaltest deinen
ausgedehnten Grundbesitz – der einmal Agamemnon,
Klytaimnestra und Aigisthos angehörte –,
du liest Bücher von Dichtern und Philosophen,
weil die Religion der Väter,
wenn man sie mit der Vernunft vergleicht,
nur ein Lächeln hervorrufen kann.

Und du verstehst gar nicht mehr diejenigen, die noch
so geblieben sind wie zu Königs Zeiten, diejenigen,
die deine Felder besorgten, wie sie's auch jetzt tun,
die nichts haben, was sie an die Stelle des alten, grausamen
Glaubens setzen könnten, nicht einmal einen Reichtum oder
einen Traum von Reichtum, diese eigentlich heroischen Opfer
von Versuchungen zurückgekehrter Furien:
diese Unschuldigen, die nur Jugend, Alter und Tod
besitzen – ein Loch, darin ein armseliges Feuer flackert.

OREST
Ist es das, was du auf den Straßen predigst,
wenn du dich zum Politiker improvisierst?

PYLADES
Es ist das, was mich die Furien lehrten
– die Athenes Macht entflohen sind –
im unvernünftigen Verlangen, nicht zu sein.

OREST
Und was treibt dich, es auszusprechen?

PYLADES
Ein unvernünftiger Zorn ...

OREST
Aber sprichst du im Namen unserer gemeinsamen Liebe,
in unserm, in meinem, in deinem, im Namen dieser
Männer, die alle in freier Wahl gewählt wurden?

PYLADES
Vielleicht spreche ich im Namen all dessen, was du da nennst.
Vielleicht auch nicht.
Vielleicht spreche ich auch gar nicht im Namen von irgend
etwas, sondern nur gegen alles.
Ich bin nur ein Diener der Wirklichkeit,

ihr folge ich, sie sehe ich an; und habe keine Gewalt,
sie mir gefügig zu machen und sie zu erkennen!

OREST
Mit welcher Aussicht läßt du dann die andern
an diesen deinen neuen, zornigen Erfahrungen teilhaben?

PYLADES
Zorn will ich mit Zorn,
Furcht mit Furcht, Schüchternheit mit Schüchternheit,
Feigheit mit Feigheit und Gewalt mit Gewalt ersetzen.
Bei mir gibt es kein Tun und keine Rede,
die nicht Verneinung wären.

OREST
Du bist doch auch nur ein Opfer
unserer rückfälligen Freundinnen, die,
anachronistisch, die Vernunft verleugnen ...

PYLADES
Ja, wie oft soll ich's dir denn sagen!
Glaubst du, es könnte sich noch jemand retten,
wenn die ganze Stadt
dem Untergang geweiht ist?
Im Grunde wolltest du von mir Worte der
Rettung hören. Hier muß ich dich enttäuschen.
Denn es gibt keine Worte der Rettung.

Die Entartung der Hungrigen heißt Hunger,
die Entartung der Freien heißt Freiheit,
die Entartung der Gerechten heißt Gerechtigkeit.

OREST
Du redest wie ein Orakel.

PYLADES
Und du – was schlimmer ist – redest wie einer,
der nicht an Orakel glaubt ... Zudem – willst du's
wissen? – ist dein Unglaube ein Werk der Furien.
Dir haben die Furien Gefühllosigkeit, mir

einen blinden, unvernünftigen
Zerstörungswillen gegeben.
Ja, selbst das Mitleid, das mich mit den
von Ungerechtigkeit zutiefst Beleidigten verbindet,
ist Werk der Furien: denn es ist Mitleid des Herzens.
Und auch der klare Blick, mit dem ich hier
– zu meinem Leidwesen als einziger –
den wahren Zustand dieser Stadt erkenne,
ist Werk der Furien, ist er doch eine
Klarheit, die nur Böses sehen kann.

OREST
Ich muß dir in aller Öffentlichkeit
drei Fragen stellen. Die erste:
Kommst nicht auch du aus einer hochgestellten Familie?
Sind deine Kindheit und deine Erziehung, deine
und deiner Väter Vergangenheit nicht die gleichen wie bei mir?

PYLADES
Darin gleichen wir uns tatsächlich wie Brüder, Orest.

OREST
Warum also dein Zorn auf das,
was doch unsere gemeinsame Aufgabe wäre?

PYLADES
Da mußt du die Furien fragen! Sie kamen herab
von den Bergen, um dir das untergründige Bewußtsein
deines Reichtums wiederzugeben
und die vielleicht schuldlose Unfähigkeit,
Armut als menschlich zu begreifen.
Mir aber verliehen sie das ruchlose und unzähmbare
Verlangen, zu begreifen und zu verneinen.

OREST
Die zweite Frage:
Die mit mir gemeinsam an die Macht gewählten Männer hast du
niemals erwähnt: Was hast du an ihnen auszusetzen?

PYLADES
Etwas hinderte mich daran,
sie zu erwähnen ...

OREST
Und das war?

PYLADES
Der Haß.

OREST
So sprich mit Haß von ihnen: Du bist ein freier Mann!

PYLADES
Nein.
Dieser Haß macht mich im Grunde zum Sklaven:
Und darüber schäme ich mich.

OREST
Aber das sind doch unsere Brüder, unsere Alten, unsere Söhne,
diejenigen, die seit unserer Geburt um uns sind,
diejenigen ...

PYLADES
Merkst du nicht, daß du ins Stocken gerätst wie
Elektra, wenn sie von den alten Göttern spricht?

OREST
Trotzdem mußt du eine Antwort geben ...

PYLADES
Willst du, daß auch ich ins Stocken komme,
von einem alten Gefühl zerquält, das
zu übermächtig ist, um ausgesprochen zu werden?

OREST
Wie du meinst ... Es ist dein gutes Recht,
dich zu verteidigen.
Meine dritte Frage:
Verehrst du Athene?

PYLADES
Ich habe dich schon in deiner Erwartung enttäuscht,
von mir Worte der Rettung zu hören.
Und nun werde ich dich in deiner Berechnung enttäuschen,
von mir selbst meine Verurteilung zu hören.
Haben wir Athenes Vernunft zur Religion
erhoben, nun gut, dann verehre ich Athene.
Bin ich nicht ein Häretiker?
Folglich verehre ich sie so sehr, daß ich letztlich
nur den Ursprung ihrer vergessenen
Wahrheit wiederfinden will.

OREST
Bürger, ihr habt meine Befragung
des Pylades vernommen. Mehr
habe ich nicht zu fragen.
Im Grunde erhebt er schwere Vorwürfe
gegen mich und gegen euch.
Er will die Staatsordnung untergraben –
mit welchem Übermaß von Gefühlen und Widersprüchen! –,
doch, wie ich meine, will er ihren Geist erhalten.
Ihr müßt jetzt urteilen, ob er schuldig oder nicht schuldig ist.

CHOR
Orest, wir halten ihn für schuldig: und
meinen, daß er unsre Stadt verlassen muß.
Wir sind aus vielen Gründen
zu dieser Überzeugung gekommen.

Lebt einer in der Öffentlichkeit, dann kann er,
wie du ja weißt, nur wenig von sich selbst verbergen.
Schon lange beobachteten wir Pylades, doch hielten wir mit
unserm Urteil noch zurück, hatten beinahe Angst davor.
Wir glauben, etwas Dunkles ist in ihm,
das ihn von uns weg und zu Leuten
führt, die tief unter ihm stehen:
Seine Schüchternheit und sein Schweigen,
seine unterwürfige Liebe zu dir, das waren

für die meisten von uns unbekannte Eigenschaften,
und konnten nur unbekannte Auswirkungen haben.
Was für einen Lohn erwartet er sich nur von diesen
Menschen?
War's vielleicht Rache?
War's das Verlangen, sich zu demütigen, um damit
eine andere Demütigung auszugleichen?
Oder war's ein Machthunger, der
anderswo nicht zu befriedigen ist? Was zog ihn so sehr
zu den armen Leuten der Stadt, zu der
Masse der Enterbten?
Ihre Unschuld?
Um an ihr mit Überheblichkeit die eigene zu messen?
Oder sich eine eigene Schuld durch sie vergeben zu lassen?
Oder war's doch ein Zustand von Schmutz und Schuld,
darunter er eine eigene, geheime Schuld verbergen will?
All dies verschaffte ihm jedenfalls die Gabe des Worts.

Wir werden feststellen (sind doch Unschuldige
oft Spitzel und Zuträger), ob diese seine Beziehungen
auch Gründe zu einer Verurteilung liefern ...
Immerhin soll er unsere in Schönheit erblühten Töchter
verschmähen und dafür Liebschaften mit Mädchen pflegen,
die so geldgierig wie Zigeunerinnen sind, auch
mit bezahlten Frauen – und greulichen Müttern –, soll
sie vergewaltigen und sich von ihnen vergewaltigen
lassen ...
Jedenfalls ist eines sicher:
All dies macht hier seine Rede unrein.

Als zweites, Orest,
sagen die Leute
schlicht und einfach: Pylades
läßt sich wahrhaftig nur
von Ehrgeiz und reinem Machthunger leiten.
Er möchte sein, was er nie war.
Er möchte du sein.

Die anständigen Menschen, nämlich
Grundbesitzer, Kaufleute und
Selbständige, sie haben nach den Anweisungen
Athenes die Macht in der Hand.
Wer könnte schon einen Thronanwärter unterstützen, wenn nicht
die niedrigsten, unbedarftesten Gesellschaftsschichten?
Sie wissen nicht, was sie mit ihrer Freiheit anfangen sollen:
Sie trachten nach Dingen, die ihnen näher liegen, sie
denken wie unwissende Tiere
nur an ihren Hunger.

Drittens will er unsere Institutionen
umstürzen: aber nicht, um sie durch
andere zu ersetzen. So hat er selbst gesagt.
Sein Sieg wäre das Ende der Stadt:
ein Umsturz ohne jede Vernunft und Hoffnung.

Schließlich lästert er auch unsere Religion.
Dazu sagen wir nicht, was die Alten gesagt hätten und
die schlecht mit ihren Vätern verhafteten Söhne sagen würden:
Wir erheben kein Sakrileggeschrei,
wir deuten nur auf den Irrtum.

Er bekennt sich zu Athene: aber er flucht
auf alles, was aus Athene hervorgegangen ist.
Weil unser Leben und unser Staat doch jetzt
ein Einziges sind und durch die Verwirklichung
von Athenes Vernunft einen Wert besitzen,
begeht er dann nicht eigentlich doch ein Sakrileg?
Wir haben keine Inspirationen wie er:
Wir sind auf einen göttlichen und ersten Gedanken angewiesen,
– für immer verstanden und akzeptiert, ohne dauernd,
wie er sagt, nach der urspünglichen
Reinheit zu suchen! –, wir brauchen eine männliche
Form von Unterwerfung und Gehorsam, die uns
so leben läßt, wie wir nicht anders können:

ein bescheidenes und tätiges Leben ohne Ansprüche, mit einem einzigen großen Ideal, das wir alle verstehen.

PYLADES

Habt Dank für eure Worte.
Nicht nur euch, sondern auch mir habt ihr etwas über mich gesagt, und es ist nur gut, daß ich's weiß:
Was ich für die andern bin.
In jedem Urteil liegt eine Wahrheit.
Besonders in euerm, denn hier ist es das Urteil des Volkes.
Aber erkenne ich jetzt besser meine eigene Hypokrisie,
so erkenne ich noch viel besser die eure.
Oh, euer bescheidenes, tätiges Leben!

Von euch verjagt, doch aus eigenem Antrieb
verlasse ich die Stadt. Und von heute an
ist mein Haß nicht mehr nur Haß.
Wie ein Dichter habe ich das unbestimmte Gefühl,
daß er eine schreckliche, blutrünstige,
reine und verzweifelte Liebe zeugen wird ...

OREST

Wohin gehst du? Das Urteil ist noch nicht gesprochen ...

PYLADES

Ist das eine Frage der Form?
Laß mich gehen.
Adieu!
Ab

OREST

Pylades, so höre ...

CHOR

Laß ihn: Er hat sich, wie Elektra, selbst gerichtet.
Exzesse führen stets zur Selbstvernichtung,
und mit der Selbstvernichtung gibt man der Wahrheit neuen Raum.

Die Furien treten ein.

OREST
Da sind sie. Seht ihr sie?

CHOR
Wen?

OREST
Die Furien.

CHOR
Die Furien? Wir sehen sie nicht.

OREST
Aber ich. Zum ersten Mal. Sie sind also hier.

CHOR
Du weinst ...

OREST
Die Furien sind es, die mir Tränen in die Augen treiben.
Doch ... mein Weinen ist das Weinen des Pylades.
Da hinten ... geht er ...
seine Schultern, sein Nacken ...

Meistens, wenn man auf solche Art eines Mannes
Schultern und Nacken sieht,
so ungeschützt dargeboten,
daß man sie mit dem Blick zerreissen könnte,
krampft sich einem das Herz zusammen;
und unsere Pein erniedrigt ihn.
Ich aber bewundere ihn voller Verzweiflung.

Die Furien ziehen mich von mir weg:
Und diese Schultern, dieser Nacken,
die man von hinten sieht, gehören mir.
Oh, ich bin nicht mehr Orest, der solches sieht,
ich bin Pylades, der geht, uns für immer verläßt ...

CHOR
Achte nicht auf die Furien ...

OREST
»Adieu, Stadt!« – sagt er –

»Adieu ... Orest! Siehst du,
meine Seelenstärke ist für dich wie
die Schwäche von launischen Liebenden,
die fliehen, die verzweifeln lassen ...«

CHOR
Du redest ja im Fieber ...

OREST
»Adieu, Orest! Eifersüchtig bist du:
doch nicht auf einen andern Freund, der mir lieber wäre.
Auf meine Seele bist du eifersüchtig,
die mich verführt und von dir entfernt.

Und trotzdem habe ich Tränen,
denn es ist kein Abschied
von etwas, das ich noch nicht lange kenne
und das zu ersetzen wäre ...

Vielleicht habe ich in meinem Fleisch noch die
Jugendlichkeit, die, mehr noch als das Leben selbst,
die Orte in ihr Herz schließt, wo das Leben sich abspielt!
Meine Tränen haben Tieferes zu sagen: denn
nicht meine Seele stürzt ins Verderben,
sondern die Welt, von der ich gehe.

Da hinten erscheint sie – schon in wildem Glückstaumel –
die Welt, darin du mit den Deinen bleibst,
im letzten, staubigen Sonnenschein ...
Da hinten liegt sie,
die hinter meinem Rücken immer kleiner wird,
hinter meinen Schritten, die landwärts gehen
zu einer Stunde, da man eigentlich zurückkommt ...«

CHOR
Weine doch nicht wie ein kleines Kind!

OREST
»... in dieser Stunde, da die Jungen
von ihren Streifzügen den Fluß entlang und die

Bauern von der Arbeit heimkehren, da der Geruch
von Heu und der Gestank von brennendem Unrat kaum noch
zu ertragen sind in den geheimnisvollen Einsamkeiten,
darin das Zirpen der Grillen verlöscht ...

Die Stadt rückt in die Ferne ... Schimäre gegen
die untergehende Sonne, die bedeutet, daß man
noch vor dem Abendmahl zu Hause sein soll ...
Ich aber verliere alles und gehe fort
– und mein Weinen ist so grenzenlos, daß es
nicht mehr in mir, sondern draußen zu hallen scheint,
in der noch unsicheren Dämmerung, die uns trennt,
darin Himmel und Stadt
weiß und unbewegt
vor der Sonne Trugbild stehen ...«

4. Episode

Berge

PYLADES
Zu welcher Tageszeit,
in welchem Augenblick
lassen sie sich sehen?

BAUER
Oh, die haben keine Augenblicke! Wer kennt sich
mit denen schon aus! Und unsere Augen
– die Augen von Bauern – sind auch
nicht dazu gemacht, sie zu sehen ...
Bei ihrem Erscheinen schließen wir die Augen,
oder senken den Kopf und beten;
oder schlafen auch ein.
Und denken dann, wir haben sie im Traum gesehen.

Sie kommen immer, wenn's gerade nicht paßt:
Das ist es.
Eigentlich brauchen sie gar nicht zu kommen:
Sie sind ja immer da.

PYLADES
Und was sagen sie zu euch?

BAUER
Zu uns? Was sie zu uns sagen? Nichts.
Soll das ein Witz sein? Glaubst du, die
lassen sich herab und reden mit uns?
Manchmal lächeln sie uns an, das schon,
– und stehen stumm da,
wie ein Sonnenstrahl, der seinen
Weg durchs Geäst gefunden hat.

PYLADES
Und miteinander reden sie auch nicht?

BAUER
Doch. Es gibt welche, die haben sie schon gehört.
Aber Sachen, die man nicht versteht;
doch kein grobes Zeug, wie die Tiere ...
wie Menschen, die eine Menge studiert haben ...
Ja, du, du könntest sie vielleicht verstehen.

PYLADES
Deswegen bin ich hier.

BAUER
Also, weißt du ... Wenn wir mitten bei der
Arbeit sind ... Manchmal, um die Mittagszeit ...
dann ist es so, als ob die Lerchen und die Drosseln
und die andern Vögel, die uns vom frühen Morgen an
bei unserer Schinderei Gesellschaft leisten,
als ob sie plötzlich zu singen aufhörten.
Und wer steht dann neben dir
und wischt sich mit dem Arm den Schweiß von der Stirn;
und sieht dich an; sieht dich mit kleinen
Menschenaugen an und bringt dich
zum Lachen, ja, zum Lachen, denn du
mußt dann an so viel gutes Lachen denken
– das du schon mit deinen Gefährten gehabt hast –,
da, bei deiner Schinderei
oder auch an Feiertagen ...

Das ist nur ein kurzer Augenblick; und in dem
Augenblick glaubst du, deine Arbeit
ist schöner, jedenfalls sinnvoller.
Weil sie gekommen sind und
sich um dich herumstellen.

Wie soll ich dir das erklären: Alles wird dann so
einfach. Sagen wir, deine Arbeit bei der erdrückenden
Sonne und mit nur einem Schluck Wasser und Essig

kommt dir bis dahin ganz blödsinnig vor – und du
kannst sie genauso wenig abschütteln wie einen Traum –,
aber wenn sie da sind, wird dir alles klar.
Du tust deine Arbeit: gut so.
Morgen ist Feiertag: noch besser.
Du hast eine Familie am Hals?
Einen Stall voller Kinder, die dir Kopfzerbrechen machen?
Du weißt vor lauter Schulden nicht mehr ein noch aus?
Oh, das Leben hat doch
auch soviel Gutes,
womit es dich entschädigen kann!
Also wischst auch du dir mit dem Arm den Schweiß ab
und gräbst wieder weiter mit deinem Spaten.
Und dann, weißt du, fangen
die Vögel wieder zu singen an,
immer dasselbe, und glücklich;
vielleicht zieht auch eine Wolke auf;
und deine Schwermut ist wieder da.

Weil es ungerecht ist, wie wir arbeiten.
Auch das haben wir durch die Eumeniden verstanden
– wir, die wir ja von unserer Arbeit leben.
Sie geben uns ein gutes Gefühl
wie alle, die sagen, was sie wissen, auch
wenn's Gelehrsames und böse Wahrheit ist.

PYLADES
Aber ich verdiene mein Leben nicht mit Arbeit,
habe noch nie einen Acker umgegraben und
kann den Gesang einer Drossel
nicht von dem einer Lerche unterscheiden.
Mir ist nie etwas klargeworden.
Warum ich hier bin? Einzig und allein,
weil ich nicht bleiben konnte, wo ich war.
Ich will dir auch noch mehr sagen:
Es waren gerade die Eumeniden,
die wieder zu Furien gewordenen,
die mich hierher drängten in eine Gegend,

die nicht die meine ist, und wo ich fremd bin,
mit einem Gefühl von Leere und von Schmerz.
Kannst du mich verstehen? Ich hasse die Unwirklichkeit
jener Orte, wo ich leben müßte, weil ich das Recht dazu habe;
doch kenne ich zum andern die Wirklichkeit nicht, in der ich
leben möchte, wenn ich auf dies Recht verzichte.
Ich bin in meinem Innern zerquält
– doch auch wieder nicht so überzeugt
von der Ehrlichkeit meines Schmerzes.
Oh, was du bist, kann ich nicht sein ...

BAUER
Was macht's schon, wo und wie man geboren ist!
Die Gottesgabe, auf der Welt zu sein, ist doch nur eine.
Aber jetzt muß ich wieder an meine Arbeit und
laß dich allein. – Wenn du mich mal
brauchen solltest, kannst du mich rufen.
Ab

PYLADES
Und ob ich dich brauchen werde!
Wie das Brot werde ich dich brauchen.
Dich nehmen und essen, gute, unschuldige Sohnesseele.
Ich weiß nicht, ob vor den Jahren, darin ich lebe,
dies schon andere Male geschah: Doch für mich
ist es zum ersten Mal in der Geschichte, daß
EIN REICHER MANN DAVON TRÄUMT, EIN ARMER ZU SEIN.

Und so weiß zum ersten Mal in der Geschichte
ich, daß zwischen den Menschen ein Unterschied ist:
Aber was nutzt mir dies Wissen?
Gibt es doch Menschen – wie mich – bei denen der Unterschied
zwielichtig und unbestimmbar bleibt: Diese
gehören keiner der menschlichen Kategorien an,
die endlich ins Bewußtsein gedrungen sind!

Aber … der Mensch denkt doch, daß er dann Mensch ist
– einfach Mensch, ohne Beiwerk, Mensch und basta –,
daß er das nur ist, wenn er unwissentlich zu
einer der trennenden menschlichen Kategorien gehört …
Doch wer, wie ich, zu keiner mehr gehört?
Will sagen, wer übel oder wissentlich dazugehört?

Oh, der verlor die grenzenlosen Horizonte, die
den Menschen sich mit seinem kleinen Weg bescheiden
lassen: und
hat stattdessen einen kleinen Horizont mit einem grenzen-
losen Leben.

Und so möchte ich dieser Bauer sein, weil mir
seine Kleinheit riesengroß erscheint
(und seine Unschuld eine Kenntnis
um ihre geheimnisvolle Wahrheit).

Ich möchte auch Orest sein,
der diesen Bauern gar nicht kennt oder ihm
gerecht und maßvoll zugetan ist.
Orest möchte ich sein, weil er
dem (kleinen) Bewußtsein
die Unermeßlichkeit des Lebens
und dem (unermeßlichen) Leben
die Beschränktheit des Bewußtseins gab.
Glücklicher Demokrat!

Aber ich?
Ich verließ meine Stadt, doch bin ich dortgeblieben.
Und entschlösse ich mich jetzt auch zur Rückkehr,
bliebe ich doch hier
im Frieden dieses Hains.
Oh, diese stille Stunde kosten,
die Sonne, die über dem Nichts strahlt,
die blauen Berge ringsum,
blinde Zeugen …
Meine Verzweiflung und
meine Klarheit kosten …

Wie ein Sterbender merke ich schon,
daß sich die Vogelstimmen im Himmel verlieren ...

Die Eumeniden kommen.

EUMENIDEN
Pylades, Kind, mit Bauern befreundet,
Jüngling, der seine Familie und Stadt enttäuschte,
Verräter an jener Menschenkategorie,
die ihn für ihren stummen Helden hielt,
Seele, entkleidet ihrer öffentlichen Gestalt,
darin sie sich ruhig und glücklich
niederlassen konnte,
Wesen, für das jedes Problem ein
unheilbares schändliches Wundmal ist,
lebende Verneinung auch derer,
die solche Probleme zu Philosophie oder Dichtung machen,
Verbannter, der sein Unheil
an die Orte der Gnade bringt ...

PYLADES
Oh, danke, Athene,
nun sagen deine Eumeniden,
nein, sie reihen auf,
was ich bin – und was ein Übel ist –,
FAST SO, ALS SEI ES ETWAS GUTES.

EUMENIDEN
Gar viele Tage und gar viele Nächte werden wir zusammen sein:
die Tage der Verbannung mit ihren trostlosen Nächten.

Doch wisse jetzt schon: Die Offenbarung kommt nicht als Wunder.
Sie wird nur allmählich kommen, von Frage zu Frage und
von Antwort zu Antwort. Und es wird sein,
daß die einfachsten Dinge monatelang
unverstanden und unausgesprochen bleiben und
erst nach so langer und unsinniger Mühe

ins Licht des Bewußtseins treten,
daß sie dann gar keine Freude mehr machen.

Es wird auch sein, daß die schwierigsten Dinge
– und zugleich so neuen, daß sie unfaßbar sind,
weil sie mit dem, was man heute über
das Leben weiß, gar keine Verbindung haben –
dir unvermittelt in den Sinn kommen,
wenn du gerade spazierengehst oder ißt;
oder dir auch soviel Freude machen, daß du
wie ein kleiner Junge hüpfst und tanzt.
Doch danach müssen die Ursachen entdeckt,
die Auswirkungen vorhergesehen werden; wieder Tage
grauen, ungewissen Arbeitens, der Beklemmungen mit
dem Widerwillen gegen sich selbst, der Selbstverachtung . . .
Und am Ende, wisse, im nämlichen
Augenblick, da dir alles klar ist,
WIRD DIE ZEIT SCHON GEGEN DICH GEARBEITET HABEN.
Dann hast du keinen andern Lohn als das Bewußtsein,
daß auf der Grundlage deiner erstaunlichen, doch
veralteten
Entdeckungen ein andrer wieder ganz von vorn beginnen
muß.

Hier und jetzt können wir dir also gar nichts nutzen.
Unsere Antworten erhältst du, mühsam,
erst nach Jahren oder gar Jahrzehnten.

Doch als Göttinnen von Anmut und Gnade sind wir
auch unbekümmert und wie kleine Mädchen, die es
nicht verstehen, Träumen und Versuchungen von
allzu früher Großherzigkeit zu widerstehen:
Darum schenken wir dir eine schöne Prophezeiung, so
schön
wie ein Tanz oder die Albernheiten einer Mama,
die ihr Söhnchen faszinieren und ihm Mut machen will.
Und doch wirst du als großer Mann auf diese Fabel nie
verzichten können, die in der Zukunft steht
wie eine farbige Wolke oder ein Regenbogen.

PYLADES
Ich höre voller Angst.

EUMENIDEN
Es wird unter den Jahren ein Jahr kommen,
da eine große Stille
sich senkt auf Stadt und Land.
Und diese Stille wird eigentümlich und auch poetisch sein,
denn noch niemals hat es auf der Welt, vor diesem Jahr,
ein solches Getöse gegeben:
Explosionen reißen die Erde auf und
hinterlassen überall Brandgeruch.

Doch auf die verbrannten Häuser legen sich dann
Nebel- und Tauperlen
und entrücken sie wie Himmelskörper.

In dieser Stille werden die Gerüche
von verbranntem Fleisch und Primeln ineinander übergehen.
Droben auf den Weinbergen werden, im goldnen Licht des Angelus,
eingestürzte Kirchen als eine Gischt von Trümmern liegen.

Dann verrosten Bajonette neben noch nicht ganz
entfleischten Köpfen, unter den Behausungen, die
der Halbschatten von Nußbäumen in Unschuld tröstet.

Der Sonntag wird grenzenlos sein:
Allein die Tiere – Hunde, Rindvieh und Hühner –
meinen, daß die Wochentage weitergehen,
bellen, muhen und scharren die Erde, besessen
von jener Religion, die keinen anderen Anfang
als das Rosa hat, darin die Sonne sich erhebt,
und kein anderes Ende als das Rosa, darin sie vergeht.

Die Menschen aber werden nicht mehr an diese
Religion des Morgens und des Abends glauben.

Sagten wir's doch bereits: Ein Sonntag
ohne Untergang wird auf sie niedergehen.

Sonderbarerweise werden die Menschen dann gut sein ...
Ihre Gesichter bekommen einen neuen Ausdruck ...
Der vergnügte Junge – Herr über die abendlichen Straßen
und die Schenken unter Reben und Glyzinien –
und ebenso der schüchterne – der ganz still ist und mit
ernstem Ausdruck wartet, bis er lieben kann, dort,
in den Ecken, wo die Mütter und die Glühwürmchen sind –,
sie haben etwas Neues, das die leuchtenden
und gemeinsamen Möglichkeiten für die Zukunft in sich birgt
wie die Sonne an einem unendlichen Ostertag.

Blutgeruch wird sie von der übrigen Menschheit trennen, der
zu Hause eingeschlossenen, verlorenen, in Vespern banger Einsamkeit.

Aber das Schlagen von Explosionen tief hinein in die Stille
kurzer Feuerbrände (hinter den Hollerbüschen, weiß von
Trümmerschutt) wird sie verbinden.

Unversehene Liebe wird zwei Unbekannte vereinen,
die einander zum ersten Mal begegnen und
sich das gemeinsame Erleben von den Augen lesen:
fast, als flehten sie um Mut, gleich einem unterdrückten Schmerz.
Sie werden sein wie im Rausch der Zukunft ... und des Todes.
Dies Sehnen nach Brüderlichkeit wird heißen: Widerstand.

Es werden fallen alle Barrieren,
die als unumstößlich gelten,
wie die Barriere, die Junge und Alte trennt.

Die Jungen werden in den schüchternen Augen der Alten und
ihrem schamhaft ergrauten und schütteren Haar

etwas wie eine neue Kraft erkennen,
die sie ihnen gleich zu Freunden macht.

Und zwischen Vater und Sohn wird sich
– unfaßbar! – ein schweigendes Bündnis herstellen.
Wieviel Reife in den Augen des Zwanzigjährigen
und wieviel Unschuld in den Augen des alten Vaters
bei den wenigen Worten, die sie miteinander wechseln!

Auch die Barrieren zwischen Arbeitern
und Intellektuellen werden dann fallen.

Es wird sein in den Augen der Arbeiter das Wissen
und in den Augen der Intellektuellen die Unschuld.
Man wird sie stets zusammen sehen
wie alte Schulkameraden,
die einander einschüchtern oder
sich mögen wie Jungen und Mädchen.

Die Vernunft wird im tiefen Innern der Menschen
die Entstehung von so viel Bewußtsein leiten: dort,
wo die Menschen freie Roboter
in den Hierarchien der Armut und des Reichtums sind.

All diese Dinge kennen wir nicht,
wir kennen nur ihr Entstehen.

Wir wissen, was die Berge sein werden,
vom Flachland her gesehen; und das Flachland,
von den Bergen her gesehen.

Die Berge werden sein eine Ballung schweigender Jugend.
Das Flachland ein Gewimmel von Müttern mit armseligen
Lichtern.

Wir wissen, wie die Augen dessen sein werden,
der dies gemeinsame Erlebnis, die Hervorbringung
einer neuen Zukunft, miterlebt: drohend
beim Arbeiter, exaltiert beim Intellektuellen.

All dies wird auch den Namen Hoffnung tragen.
Doch in ihrem Licht können wir die Augen
der Lebenden von denen der Toten kaum unterscheiden.

Wer zum Überleben ausersehen ist
und wer zum Sterben ausersehen ist,
der hat das gleiche gezeichnete Gesicht
und auch die gleiche Kleidung, ein wenig
schlampig und zu lang, ein armseliges Grau
nach der Mode – an diesem Sonntag ohne Ende ...

Aber warum hier unterscheiden? Ist es nicht billig,
wenn der Mut bisweilen zu schweigen versteht?
Ist es nicht billig, sich vom Respekt täuschen zu lassen,
wenn die Ursachen doch erst noch entstehen sollen,
die ihn zum Komplizen des Schweigens machen?

Warum die Augen dieser jungen Menschen unterscheiden,
die, als hätten sie's schon längst gewußt,
eines Tages beim unschuldigsten Windhauch, mit dem
Schild der Schande auf der eingefallenen Brust, den
Kopf gesenkt, die graue Hose aufgekrempelt, gegen den
Himmel ihres Landes baumeln werden, wo beim Sinken der Nacht
nicht eine Stimme des gewesenen Abends sich erhebt ...
warum nur die Augen dieser armen Mißgestalten von
den – ob eines dummen und herrlichen Lebens – strahlenden
ihrer überlebenden Altersgenossen unterscheiden, die
immer noch kämpfen und singen?

5. Episode

Vor dem Parlament der Stadt Argos

OREST
Ein rätselhaftes Heer auf den Bergen . . .

CHOR
Wir wissen. Und wissen, wie dies Heer entstand. Und wissen,
daß es sich mit der Beharrlichkeit von Wolken ausdehnte. Und
daß es mit den Bauern in den Dörfern
erst zu Füßen der Berge, dann in der Ebene
Bündnisse schloß. Und
daß es sogar bis hierher gedrungen ist, weil es
seine Leute mitten unter die Arbeiter schickte und
Arbeiter zu sich hinaufholte; die jüngsten und kräftigsten.
Wir wissen, daß dies alles ununterbrochen vor sich ging
und polizeiliche Maßnahmen wie auch Gefängnisstrafen,
nicht einmal Verurteilungen zum Strang etwas nutzten.
Und wissen zum Schluß,
daß dies alles deine Ordnung, Athenes Ordnung alt werden läßt.
Und wenn wir auch alle glauben und behaupten,
daß es um einen Aufstand, um das Werk von
Banditen geht – so ist doch kaum zu bestreiten,
daß diese neue Sache
uns zurück in die Vergangenheit stößt.
Daraus ergeben sich neue Notwendigkeiten.
Aber welche?

OREST
Dies Heer trifft Vorbereitungen, gegen uns zu marschieren:

Falls es das noch muß
und nicht schon hier ist.

CHOR
Was also tun?

OREST
Wir müssen uns verteidigen.
Wir müssen den Krieg akzeptieren.

CHOR
Wie sollen wir ihn denn führen?

OREST
Wie man eben einen Krieg
aus purer Notwendigkeit führt.

CHOR
Bist du für diese Notwendigkeit gerüstet?
Weißt du, gegen wen du kämpfen mußt?

OREST
Größtenteils gegen Bauern. Alle andern
sind die ärmsten der Arbeiter, dann
Arbeitslose, Leute, die mit einer Schar von Kindern
vom Land in die Stadt gekommen sind, Trunkenbolde,
Mädchenhändler, Diebe. So gut wie keine Arbeiter
mit unserer Lebenshaltung.

CHOR
Und wer führt dieses Heer an?

OREST
Pylades. Und? Glaubt ihr,
ich kenne die Spielregeln nicht?

CHOR
Du bist sogar ein Meister darin. (Und wir wissen auch,
wie oft ein Freund den Freund schon wegen jenes Einsatzes
getötet hat, der, mit Vernunft betrachtet, ja das Leben ist.)
Doch nicht vor Pylades fürchten wir uns.

Wir fürchten uns vor dem, was durch Pylades
von dir ausgeht.
Könnte denn ein Pylades sein, wenn du nicht wärst?

Du, Orest, kannst unbeschränkt verfügen:
Bist du doch deiner Freiheit Erfinder.
Du kannst sie wegwerfen und sie auch abschwören, wenn du willst.
Doch denke daran, daß sie für uns hingegen Gesetz
geworden und an die Stelle der Religion getreten ist;
und von der Religion die absoluten Gewißheiten hat.

Wir besitzen nicht deinen Stolz
eines Königssohns. Und wir wissen,
daß nicht die ganze Stadt auf unserer Seite steht: auf der Seite
der Macht, meinen wir (wenn es auch eine demokratische ist,
die wir, in Wirklichkeit, mit unserer Stärke behaupten).
Es gibt mindestens zwei Gruppierungen
von Bürgern, die gegen uns sind.
Die eine sympathisiert mit
jenem rätselhaften Heer auf den Bergen;
und das sind die Fabrikarbeiter, die Werktätigen
in unseren Betrieben.
Die andere Gruppierung ist für Elektra;
Menschen, die entschieden dem Kult der Furien,
der Vergangenheit, der Königsmacht verfallen sind:
Elektra und die Ihren sind ja wie
geblendet von einem übermäßigen Licht, das sie
in sich fühlen und nur mit Haß zum Ausdruck bringen.

Ihr Dauerstreik
gegen einen Staat, den sie für ungesetzlich halten
(so daß ihre wahnwitzige Gesetzestreue ja illegal wäre!),
ist schließlich ein Bruderkrieg,
der uns trennt und schwächt
in unserm Kampf gegen diejenigen, die wir
allerdings nicht als Brüder betrachten können.

OREST
Denkt ihr insgeheim an eine
Lösung, die ihr mir nicht zu unterbreiten wagt?

CHOR
Du hast uns verstanden.

OREST
Wie lautet also euer Vorschlag?

CHOR
Du sollst dich mit Elektra versöhnen.

OREST
Ich mich mit Elektra versöhnen?
Mir schlagt ihr das vor?
Ihr sagtet, Elektra sei von ihrem Licht geblendet.
Auch ich bin geblendet vom Licht der Gewißheit,
sie hassen zu müssen.

Wie kann man denn umkehren!
Elektra! Der Gedanke ist mir unerträglich!
Wenn ich meinen Sinn auf sie richte (was seit Jahren
nicht mehr der Fall ist), erscheint sie mir wie
in einer Wirklichkeit, die sich zum ersten Mal zeigt und
doch schon so alt ist, abstoßend alt . . .

Oh, dies Gesicht, das so aussieht wie der Leib einer
Schwangeren,
wie ein Mond, der allein am Himmel steht, als ein
unbemerkter,
selbstzerstörender, anklagender Genosse!

Wie hat sie es doch verstanden, ihren Schmerz zu kosten,
unsere Elektra! Wie hat sie es doch verstanden,
die Demütigung in Stolz, die Ohnmacht
in grimmig abwartende Macht zu verwandeln:
unsere theatralische Elektra!
Und das Blond ihres Haars, dies Blond,
leicht angedunkelt von der Sonne,

die uns allen hier dunkles Haar gibt, meine und wenige andere
Familien ausgenommen: Was für eine Fahne, dies Blond!

Arme Elektra! Sie hat auf so törichte Weise
ihre exaltierte, stets so verzweiflungs- und verachtungslüsterne
Loyalität zur Illoyalität gemacht!

CHOR
Nicht darüber werden wir mit Elektra und den Ihren reden.
Sondern über unser aller Besitz und unsere
gemeinsamen Interessen. Wir haben Landgüter
und Fabriken; wir sind die Unternehmer der Stadt.
Verlieren wir den Krieg,
geht das alles verloren,
für uns wie für sie.
Hinter ihnen wie hinter uns
stehen die Werktätigen, die nichts haben
und in uns ein Ideal erkennen, das ihnen abgeht;
sie fürchten doch in aller Unschuld,
die Arbeit zu verlieren, die sie von uns bekommen,
oder unser Almosen. Da gibt es gar keine Probleme.
Wir, deine Gefährten, sowie Elektras Gefährten
sind die gleichen: uns trennt nichts Reales.

OREST
Ihr argumentiert wie Pylades.

CHOR
Und du bist unseresgleichen;
du liebst die Freiheit, die auch den Gedanken an deinen Grundbesitz
enthält – nicht aus purer Habgier, zugestandenermaßen.
Wir wissen, daß du, wie auch Pylades,
bereit wärst, alles hinzugeben:
doch als ein Herr und im Namen der Freiheit.

OREST
Sagt Elektra, daß ich sie erwarte.

CHOR
Sie ist schon unterrichtet, ist hier …

OREST
Nun merke ich, daß mir etwas entgangen war,
was mich betrifft …
(und daß des Pylades Argumente auch
eine zynische Auslegung erfahren können …)

Elektra kommt herein.

ELEKTRA
Du hast mich rufen lassen, Orest.

OREST
Ja. Und du kennst die Gründe.

ELEKTRA
Gewiß. Und ich weiß auch, daß dies für uns ein Tag des Festes ist.
Darum werde ich neben den anderen Bedingungen
für ein Bündnis mit mir und meinen Leuten
– den besten der Stadt und den einzigen, die, mit den
Furien im Herzen, einen Krieg bestehen können – auch
fordern, daß alljährlich dieser Tag gefeiert wird.

OREST
Was sind deine anderen Bedingungen?

ELEKTRA
Paritätische Machtbeteiligung, Wiedererrichtung
des Tempels der Furien, Wiedereinführung ihres Kults:
für diejenigen, die wieder bei uns sind.

OREST
Einen Tempel ganz aus Gold will ich für
deine Furien bauen: brauchen wir sie
doch beide gleichermaßen. Schwester,

wir haben es nötig, daß sie uns
geifernd Gefühle
vernunftloser Liebe und idiotischen Tods
zuschreien: Liebe fürs Vaterland,
Tod für die armen Feinde!
(So ist doch der Krieg, nicht wahr?)
Ganz paritätisch kann ich dich aber nicht an der
Macht beteiligen. Eine Stimme mußt du mir schon
konzidieren: die Stimme Athenes,
sie, die mir einst, bei Stimmenparität
von Ja und Nein, das Leben gerettet hat.
Du mußt also zulassen, daß Athene, wenn sie will, sich
zwischen die gleiche Anzahl meiner und deiner Abgeordneten setzt.

ELEKTRA

Die Furien in den Tempel, Athene ins Parlament: Ich akzeptiere.
Und jetzt wollen wir gemeinsam zu dieser Sonne beten,
die mit gleicher Liebe
auf die Lebenden und die Toten scheint.

CHOR

Bist du noch unschlüssig, Orest? Horchst du
auf dein Gewissen? Du willst doch den Krieg:
Umarme also deine wiedergefundene Schwester
mit ihrem glühendsten, dunkelsten Teil der Stadt.

ELEKTRA

Was ist das für ein Licht? Plötzlich verändert sich
die Welt ringsum. Seht ihr's denn nicht?

CHOR

Es ist wahr. Was geschieht hier?

OREST

Es ist nur die Abenddämmerung, die sich niedersenkt.

CHOR

Nein, das ist nicht die Abenddämmerung,

das ist gewiß ein Sturm
– oder gar ein heiliges Erdbeben,
dem dies tiefe Schweigen vorangeht.

ELEKTRA
Gehen wir in unsere Häuser, gehen wir in unsere Kirchen,
schließen wir uns ein, um zu beten.

CHOR
Was wollen uns die Götter nur sagen?
Schließen wir uns in unsere Häuser
und Kirchen ein und beten wir.
Elektra und Chor ab

OREST
Und was soll ich, allein, durch dieses Licht und diese
Einsamkeit hindurch hier zu mir selber sagen?

Athene kommt.

ATHENE
Die Bewohner von Argos verehren mich,
aber fürchten sich dann vor meinem Licht.
Ach, ich bin für sie nur die THEIA, nicht die IDEA!
Nimm du keinen Anstoß an meinem Stil!
Du weißt ja, die Vernunft spielt gern mit Worten,
da sie mit Dingen nicht spielen kann.

Aber, wenn auch lächelnd, bin ich nicht hergekommen,
um mit dem Geheimnis der Worte, das ich erfand,
noch mit dem Geheimnis der Dinge zu spielen,
die in alle Ewigkeit zwielichtig und feindselig sind.
Ich bin hier, um dir eine neue Prophezeiung zu machen.

OREST
Prophezeiung? Ist die
Gegenwart doch schon so dunkel!

ATHENE
Eben darum bin ich hier: um dir zu prophezeien,
was der dunklen Gegenwart eine vernünftige Begründung
für

die Zukunft gibt, die klar ist wie das Licht der Sonne:
EINE NEUE REVOLUTION.

OREST
Eine neue Revolution? Ist nicht Pylades
mit seinen Arbeitern und Bauern
schon dabei, sie zu vollbringen?

ATHENE
Warte doch, du gescheiter Mann ...
Pylades verehrt mich, wie auch du mich verehrst.
Also kämpft er auch unter meinem Schutz:
Aber ... seine Revolution wird scheitern.
Die neue Revolution, die ich meine,
wird nämlich hier drinnen, im Herzen
dieser alten Stadt entstehen, die mich fürchtet,
obgleich ich, die Vernunft, ihre einzige Göttin bin.
Du bebst ja wie ein Kind ...

OREST
Aber ... wenn dies
das neue und wahre Anliegen deiner Religion ist ...
dann habe ich, als ich Elektra
– die immer noch in ihren Treuewahn verlorene –
umarmte, einen Fehler begangen,
der auf meinem Gewissen lastet ...
und gar keinen Nutzen bringt ...

ATHENE
So ist es. Als du akzeptiertest,
dich mit jenen deiner Bürger zu versöhnen,
die den Tod so wütend lieben,
hast du dich von deinem Gewissen losgesagt.

Und du hast nicht nur etwas getan,
dessen Nutzen für die Stadt recht flüchtig ist,
sondern dich auch eines unbeschreiblichen Schicksals
von Schmerz und Grauen schuldig gemacht.

Du bebst schon wieder wie ein Kind.

OREST
Dann müßte ich also in deinem Namen ... sofort
alle meine Bürger hier zusammenrufen ... und ...
mit dem Zynismus, den du mir zugestehst ...
Schwur und Verzeihung zurücknehmen?
Müßte ich das?
Und wäre ich noch an der Zeit ...

ATHENE
Nein, Orest.
Glaubst du denn, es hat keinen Sinn, daß
die Hälfte der Furien, schrecklicher und
wilder als zuvor, zurückgekommen ist?
Dies war doch eigentlich in dem Augenblick
vorauszusehen, als ich sie aus der Stadt
verjagte: Götter sterben nie!

Und wenn sie nicht sterben und auch nicht vorankommen?
Dann gehen sie ihren Weg zurück, mein Lieber.
Folglich sind sie zurückgekommen
zu ihren alten Stätten,
zu ihrer alten Funktion: und die ist,
wenn du's dir gut überlegst,
im Grunde ganz die meine, nämlich ...

OREST
Nämlich?

ATHENE
Ich sagte es deutlich. Und wenn du
nicht gehört hast, dann wolltest du nicht hören.
Nur, daß in Ausübung dieser Funktion
die Furien eben nicht ...

OREST
Die Furien ... nicht ... was?

ATHENE
Kind! Du willst nicht hören, was ich sage, und
heuchelst ehrlich, darauf begierig zu sein ...

Nicht wie ich tun sie es,
mit dem Bewußtsein und der Offenbarung.
Arme alte Göttinnen, sie begnügen sich,
den Weinenden die Tränen,
den Arbeitenden den Schweiß,
den Leidenden die Schreie,
den Sterbenden die Klagen zu geben ...
Konnten da Elektras Gefühle
gleich erlöschen? Oh, sie werden
erlöschen, gewiß ... aber nach deinem Tod,
nachdem sie gleichzeitig mit den deinen
bestanden haben.

Im übrigen – wie deine Mitbürger es dir
brutal zu verstehen gaben –
decken sich deine und Elektras Interessen:
Und weil die Vernunft sich nicht gegen den gesunden
Menschenverstand stellen kann, akzeptiert sie den Widerspruch.

OREST
Damit rechtfertigst du die Absage an mein Gewissen.

ATHENE
Keine Illusionen! Ich sage dir, die Früchte werden
schrecklich sein.
Deine Kinder werden nicht unterscheiden!
Du und Elektra werden ein Einziges sein;
und eure Epoche wird ein Einziges sein,
eine Epoche des Bluts, wie sie die Welt noch nicht
erlebte. Und ihr beide: zwei Verbrecher,
unbenetzt in diesem Meer von Blut.

OREST
Du hältst es mit mir, wie die Katze mit der Maus:
treibst mich mit demselben Argument
erst zur Hoffnung, dann zur Verzweiflung ...

ATHENE
Erschrick doch nicht, Bürger Orest,

Herr über Ländereien und Fabriken, du
in freier Wahl gekürtes Staatsoberhaupt,
mein einziger vorzüglicher Kenner, elegant
und intakt, so oft lächelnder
Vernunftsathlet, du:
Was hast du dir denn erwartet?
Konntest du der Illusion nachhängen,
eine Sache des Gewissens werde nicht bemerkt,
werde totgeschwiegen, werde unbewertet straflos bleiben?

OREST
Ich gebe zu, daß ich mir darüber keine Illusionen machen konnte ...

ATHENE
Wie du siehst, Orest, ist die Vernunft brillant. Sie spielt
nicht allein mit Worten, sondern auch mit der Überlegung!
Darum sprach ich zugleich für und wider dein Gewissen.

OREST
So hilf mir wenigstens,
das Bild dieser Widersprüche
– in seiner ganzen Deutlichkeit – zu sehen.

ATHENE
Es ist leicht.
Du dachtest, ungestraft einen Akt zu vollziehen, den
nur der brutale (und von mir hingenommene) Zynismus
deiner Mitbürger hinnehmen konnte: Haben sie doch
noch die Natürlichkeit schuldfreier wilder Tiere, die
zerfleischen und töten
im Glauben, daß nur ihr Leben ein Leben ist.

Du bist von ihrem Schlag; nichts andres
ist dir soviel wert wie es dir selber wert ist:
Doch der natürliche Weg ist nicht der richtige Weg.

OREST
Aber wenn der Kampf doch um die Freiheitsliebe
oder um die Akzeptierung der Notwendigkeiten geht ...

ATHENE
Was für eine Berechnung, Orest! Was für eine Berechnung
sehe ich in der Tiefe deiner Augen schimmern!

Zwischen Freiheitsliebe und Notwendigkeiten
besteht enges Einvernehmen:
Siehe die widersprüchlichen und untrennbaren
Realitäten, die du in meinem Namen geschaffen hast!
Darum wirst du gut handeln, auch
wenn du weißt, daß du übel handelst.
Oder übel handeln um des Guten willen.
Keiner kann dies besser als du:
Willst du es etwa vor dir selbst nicht wahrhaben?
Vielleicht aus Angst vor den Tiefen
deiner Seele eines Auserwählten?

OREST
Was soll ich also tun?
Was, außer dem bitteren Kampf
mit meinem Gewissen?

ATHENE
Noch einmal:
Was du tust, ist ganz recht, Orest.
Nichts ist hinzuzufügen, nichts ist wegzunehmen.

Aber da ich nicht umhin kann, dich zu trösten ...
gebe ich dir jetzt die angekündigte Prophezeiung
und erfülle somit meine einzige Funktion.

OREST
Ereignisse und Zeiten der neuen Revolution?

ATHENE
Nein, über die neue Revolution
füge ich dem, was ich dir
schon sagte, nichts hinzu:
nur, daß sie sich ereignen wird
durch dich und deine Stadt.

Jetzt aber will ich dir
prophezeien, was vorher sein wird.
Und ich spreche diese Prophezeiung laut und deutlich,
damit du nie behaupten sollst, sie nicht gehört zu haben!

OREST
Warum dies alles?

ATHENE
Weil du dich an das, was vor dieser Revolution geschehen wird,
nicht wirst erinnern wollen: und dich nicht erinnern wirst.
Doch – nachdem ich es dir gesagt – soll man nie behaupten können,
daß du es nicht weißt. So höre jetzt.

OREST
Ich schließe aus deinem flammenden und hellen Blick,
daß du mir nichts Schmerzliches sagen wirst ...

ATHENE
Ich habe den flammenden und hellen Blick des Wissenden,
was auch immer er weiß.
Mit diesem flammenden und hellen Blick erkenne ich ...

OREST
Was? Was erkennst du?

ATHENE
Eine Einzelheit ... Ja, ich beschreibe dir nur
eine Einzelheit aus dem großen Gemälde ...
Den Rest kannst du dir selber denken.

OREST
Warum diese Zurückhaltung?

ATHENE
Weil die Vernunft nicht nur Wortspiel und Brillanz,
sondern auch Überheblichkeit besitzt: in die Geschehnisse darf

sie sich nicht hineinziehen lassen. Also muß sie diese
mit umso mehr Humorismus behandeln,
je grausamer sie sind.
So höre diese HUMORISTISCHE BESCHREIBUNG!
Eine Schneefläche. Zwischen kleinen Kasematten,
die unüberwindlicher Stacheldraht umgibt,
sehe ich einen brodelnden Kessel. Dampf steigt empor.
Im bewegten Wasser erkenne ich, durch Schwaden, die Gestalt
eines Körpers: nicht Tier,
nicht Lamm, nicht Ferkel; nein, ein kleiner Junge,
ein nacktes Söhnchen; die Gliedmaßen hat man ihm
abgetrennt, sie schwimmen, tauchen durcheinander im Wasser.
Jetzt kommt ein Fuß nach oben, einst sprang er
– über die Wiesen vor seiner Kleinstadt auf den
Hügeln oder in der Ebene – fröhlich mit den Schulkameraden;
jetzt ein Schopf, dunkel oder blond, ich weiß nicht, die
Haarfarbe verlor sich im Nichts; jetzt taucht das Glied empor,
unreif noch, doch schon stark – um zu bedeuten,
daß dies sein armseliges Geheimnis war, die
Sicherheit seiner schüchternen und reifen Mannbarkeit,
so weit noch vom Grab entfernt!
Jetzt sein Auge, länglich wie von einer fremden Rasse,
und schön, doch nicht von einer eigenartigen,
nein, von tiefer Schönheit dieses Auge, darin
seine Mutter das Leben vorbeiziehen sah,
unermeßlich, schwindelerregend (als sei
das so zum ersten Mal auf der Welt);
und jetzt sein Ohr, dies kleine Ohr
eines vorübergehenden Erdbewohners
– der schließlich auch so gegangen wäre
wie ein Tier über die Wiese geht,
hinter dem das Gras sich wieder schließt.

Die toten Glieder bewegen sich in dem Kessel,
und auf dem Deckel sind,
gekreuzt, geometrisch,
zwei kleine Schlangen geprägt.
Absurd, nicht wahr?

Doch nicht nur meine Augen sehen:
auch mein Geruchsinn nimmt wahr.
Es ist der Geruch von Feuer, vermischt mit dem von Getreide:
Und dieser Geruch
verbreitet sich über eure Häuser,
eure Höfe, eure Ebenen,
eure Berge – in die leere Luft,
wo die verbliebene Sonne eindringt
mit unnützer Reinheit, mit der Schwermut blendender
Sonnenfinsternisse, darin die Nomaden umherzogen ...
gleichsam im Morgengrauen einer neuen Vorgeschichte.

OREST
Was bedeutet dies alles?

ATHENE
Ich sagte es dir doch: Nur eine einzige
Einzelheit habe ich dir beschrieben.
Bist du ein wirklicher Kenner, dann malst du dir
selbst das ganze Bild aus. Und nimmst auch den Geruch wahr
– so du imstande bist und Vorstellungskraft genug besitzt –,
denn dieser Geruch von Feuer erfüllt die ganze Welt.

OREST
Ein Bild demnach, so groß wie die Welt?

ATHENE
Die Welt selbst wird es sein.

OREST
Und wie wird man dies alles ertragen können?

ATHENE
Oh, man wird nicht nur ertragen,
sondern – sogar – vergessen können.

Und im roten Lichte
dieses Abends in Argos
PROPHEZEIE ICH DIESE REVOLUTION
von rechts und diesen Krieg
auch nicht für den, der erlebt,
sondern für den, der vergißt.

6. Episode

Lager der Revolutionäre

PYLADES
Meine große,
meine kleine Stadt!

CHOR
Von Sieg zu Sieg sind wir
bis unter ihre Mauern gekommen ...

PYLADES
Oh, betrachten wir sie uns noch einmal, wie sie hier
auf der Ebene vor unseren Augen liegt:
bevor wir sie besitzen und zu der unseren machen!

Meine große,
meine kleine Stadt!

Es gab Tage mit Schnee: Alles
lag rücklings und lauschte
dem Gezwitscher der Spatzen.

Es war mehrmals Frühling:
immer der gleiche auf der
Brust voller Samen der Jungen, und
die fragten nicht, wie oft Frühling kam.
An dich, Argos, denke ich stets
gegen Ende April oder Anfang Mai,
wenn die Wärme schon gesiegt hat,
doch ihr Licht noch sanft ist.
Und wenn dann abends dies Licht violett
wie geronnenes Blut wird und
träumend wieder dem Blau der
winterlichen Sonnenuntergänge zufliegt, dann

sind auf den hellgepflasterten Straßen des Zentrums
die Söhne der Besitzenden
mitten in ihrem täglichen Hochzeitsflug.
Alles besitzen sie, auch was nicht faßbar ist.
Und wissen es gar nicht, denn
begierig wie sanfte Tiere begnügen sie sich,
über das, was sie sehen, hören und anfassen,
Herr zu sein: In diesem Unbewußtsein,
so natürlich wie ihre Abendsonne hier,
liegt ihre Seligkeit und Auserwähltheit.

Doch sie, meine Brüder, sind nicht nur
Herren über Häuser, Güter und Gewerbe: nein,
auch über die erste Apfelblüte
in irgendeinem Garten vor den Mauern,
an Orten, die sie nicht besuchen.

Jetzt, Argos, liegst du
vor denen, die dich erobern werden.
Deine alten Mauern und hinter ihnen
Königspaläste – von einfältigen Vorfahren erbaut –,
schuldlose Kirchen, Dächer von Gymnasien und
Türme auf den Häusern der Reichsten,
sie sehe ich der Schwermut geweiht.

Abgefallen ist von dir der Zauber der Macht,
und ein neuer, der Zauber der Zeit, wird
geboren.
Jetzt, im Begriff, dich wie ein Rebell
an der Spitze von Leuten zu erobern, die
nicht meine Gedanken für dich haben können
– der ich einst auf der Seite der Mächtigen war –,
spüre ich, daß ich dich noch nie
mit so unheilbarer Liebe liebte.

Weil du bist,
wie du bist,
mit all deinem Übel.
Ach, die Geschichte von Menschen!

Es ist ein Sonntag ... Nur die Tiere und die
kleinen Kinder wissen von nichts und leben
vom Rosa der aufgehenden Sonne
bis zum Rosa der untergehenden Sonne.
Es ist ein Sonntag, und die Mauern der Stadt,
die alten Umgrenzungen und die
weißen Wände der neuen Fabriken, sie wahren
in Frieden ein Geheimnis von tröstlicher Trauer.

Wir stehen wie die Kinder vor einer Mutter ...
Es ist nicht damit getan,
fürs Größerwerden
einen Krieg zu führen.
Jetzt, Argos, da ich dich erobern und anders machen will,
du Verlorene in sonntäglichem Schweigen,
fühle ich, daß deine Vergangenheit
soviel wert wie deine Zukunft ist.

CHOR
Wir verstehen dich nicht mehr.
Was willst du sagen?

PYLADES
Was habe ich gesagt?
Verzeiht, vielleicht sprach ich im Traum.
Ich habe eine andere Kindheit und Jugend
als ihr in dieser Stadt gehabt.

CHOR
Das sollst du vergessen. Wir
sind hier rein wie die Barbaren,
unsere Augen haben, wie die Barbaren,
diese Mauern nie gesehen,
wenn auch viele von uns, die Arbeiter und die Ärmsten,
da drinnen geboren sind, in den Gettos des Zentrums
oder den Elendssiedlungen vor den Mauern.
Wir sind hergekommen, um alles zu zerstören.
Uns bindet keine Erinnerung an diese Orte.

JUNGE
Pylades! Genossen!
Orest steht vor unserm Lager.
Er will mit uns sprechen.
Er hat nur zwei Männer dabei, unbewaffnet,
mit der weißen Fahne.

PYLADES
Er soll kommen. Gleich kommen. Orest!

CHOR
Erhoffst du dir etwas
von dieser Überraschung?

PYLADES
Wir ... dürfen keine Angst haben, mit der
Zweideutigkeit zu reden,
beziehungsweise ihr entgegenzutreten.
Ich bin kein Barbar, Genossen ...
Und nicht ohne Sinn ist mein größter Freund
auch mein größter Feind.

CHOR
Warum willst du überhaupt diskutieren?
Mit ihm gibt es nichts zu diskutieren.
Die neue Welt ist rasch alt geworden,
eine Herrschaft taugt soviel wie die andere.
Sag, er soll in seine Stadt zurück
und drinnen auf uns warten ...

PYLADES
Dort drinnen sind auch so viele Unschuldige:
Sie waren nicht stark genug,
sie haben sich von den Furien besiegen lassen.
Man kann es doch keinem zum Vorwurf machen,
wenn er nicht stark genug ist.

CHOR
Aus dir spricht einer, der uns fremd ist.
Du läßt dich mitreißen wie von einem Fluß,
der aus alten Quellen kommt ...

Orest tritt ein.

OREST
Pylades! Wie sehen wir uns wieder!

PYLADES
Wie wir uns wiedersehen?
Nichts hat sich verändert.

OREST
Das ist nicht wahr! Im Gegenteil,
die Welt ist nicht wiederzuerkennen.
Und das begab sich fast zwischen Morgen und Abend.
Pylades, ich bin gekommen, um dir einen
Vorschlag zum Frieden zu machen ...

PYLADES
Frieden? Ist doch soviel Friede auf der Welt!
Du weinst nicht? Und hast mich doch genau verstanden!

OREST
Hör mir zu.
Du sagst, es hat sich nichts verändert.
Ich aber erinnere mich an den Abend,
als du die Stadt verließest: allein.
Deinen Rücken sah ich, deinen Hals,
den Haaransatz, und
wie dein Haar dann über dem Nacken
vom Abendwind zerrauft wurde ...
Sieht man einen Mann in solcher Weise, krampft sich einem
wohl das Herz zusammen: gar, als sei er, wenn er
dahingeht, ohne zu merken, daß man ihm nachsieht,
unschuldig in schuldhafter Unschuld.
Doch ich hatte damals
kein Mitleid für dich, nur Bewunderung.
Du junger Mann, der du gingest! Und hattest
nichts außer deinem ungereiften,
daher geheimnisvollen Leben, zerrauft in einem
Wirrwarr aus Lieben und absurden Haßgefühlen.

Was würde aus diesem Helden werden?
Jetzt kommst du zurück, dem Scheine nach als Sieger ...
Und doch, Pylades: Wie schlecht ist
die Zeit über dich hinweggegangen!

Weißt du, weißt gerade du denn nicht, daß man
immer ein Besiegter sein muß? Sieg ist schändlich.
Man kann nicht viele Jahre ungestraft im
Recht sein! Das wird zu einer
üblen Gewohnheit. So sehe ich auf dem Boden
deiner Augen, die doch ganz rein gewesen,
eine Unreinheit. Die Verbitterung
dessen, der gerecht ist.
Und früher hättest du auch nicht so gesprochen,
denn da ist dem gegenüber, den du aus deiner Vernunft
zu Recht verurteilst, so etwas wie unvernünftiger Haß.
Ach ... gewiß ... du ähnelst Elektra!
Soweit ist es also gekommen ...
Wie kann man da noch sagen, daß sich nichts geändert
hat?

PYLADES
Soll ich dich vielleicht umarmen?
Verlange nicht dies von mir und verlange nicht,
daß ich über deine Rede nicht entsetzt sei.
Gewiß verleiht einem die Empörung oft Nachsicht gegen
sich selber,
aber ich schäme mich dieser Nachsicht nicht.

OREST
Ich meinte ... daß, ungeachtet dessen,
was in dir selber geschah ...
vielleicht ohne dein Wissen ...
auch in der Welt etwas geschah.

PYLADES
Ohne Wissen der Eumeniden?
Vielleicht als Werk der Furien,
mit denen du dich
zu so ruhmvollem Bündnis verbandst?

OREST
O tröstliche Eumeniden!

PYLADES
Du lächelst?
Sie haben mich hergeführt an
meine heißgeliebte, feindliche,
von tiefem Übel betroffene Stadt,
das ihre Schönheit nicht berührt.

Wie ein Barbar bin ich hier,
sie zu besetzen und zu vernichten.

Schau sie dir an, Orest,
diese unsere alte Stadt
an ihrem Sonntagvormittag,
in störrischem Schweigen befangen und
so grau in ihrer Gewalttätigkeit.
Sie und das Licht des Tags.

Morgen ist sie ein Berg von Trümmern, und
ihre geliebten Furien haben Grund zum Heulen.

OREST
Ich sagte dir ja, die Welt
ist nicht wiederzuerkennen: Und du
erkennst sie wirklich nicht wieder.
Wie naiv du bist, Pylades! Deine Gefühle,
die dich aus der Stadt getrieben,
erst in den Widerruf,
dann in den bewaffneten,
wohlüberlegten Aufstand,
sie haben in dir
ihren äußersten Reifepunkt erreicht.
Und an eben diesem Punkt haben sie keine Bedeutung mehr.
Um dich mit schrecklichen Worten
ahnungslos zu treffen, bin ich gekommen
– wie ein Jäger, der den Vogel dann tötet,

wenn sein Flug ganz oben und ganz sicher ist.
Du stehst hier, empörst dich über mich und
leidest an deinem zu großen Haß und
deiner zu großen Liebe für unsere Stadt.
Doch ich und unsere Stadt
SIND NICHT MEHR DIE, WOFÜR DU UNS HÄLTST.

Im Ablauf einer Nacht haben wir uns geändert.
Die Welt ist in Bewegung, Pylades: Haben dich
m e i n e Eumeniden das nicht gelehrt?
Bisweilen vollzieht sich eine ganz geringe
Änderung im Ablauf von Jahrtausenden,
bisweilen reicht eine einzige Nacht ...

Über Argos ist in einer Nacht
– und dies eben weißt du nicht –
ein Jahrtausend
oder, wenn du so willst, ein Jahrhundert
oder, wenn du es für wahrscheinlicher hältst,
ein Jahrzehnt hinweggegangen.

Funkelnagelneu ist Argos, und mit ihr
auch ich, ihr demokratischer Fürst.
Du aber bist alt in der
jungenhaften Einfalt deiner Gefühle.
Über deine Empörung muß ich lächeln, Freund,
sie geht mir ans Herz!
Die Zeit hat dich hinter sich gelassen. Und
mich erschüttert, ich sage es noch einmal,
daß sie dich gerade dann hinter sich ließ,
als du der Wahrheit am nächsten warst.

PYLADES
Du redest von Wundern ...

OREST
Nun, wenn der Gebrauch
der Vernunft ein Wunder ist ...

PYLADES
Vernunft im Reich der Furien?
Bei deiner Schwester widerlicher
Liebe für Vergangenheit und Autorität?
Bei deiner Ironie eines Begüterten?

OREST
So muß ich dir sagen, Pylades,
daß mir zum zweiten Mal
in unserer Geschichte Athene erschienen ist . . .

Von ihr erfuhr ich die Zukunft, die jetzt eintrifft.
Nicht du bist es, der in Argos
die wirkliche Revolution durchführen soll:
sondern sie, wie auch sie die erste bewirkte.

Die wirkliche, Pylades, sie zeigte sich
mir aus der Tiefe der Wirklichkeit selbst:
Sie ist die Aktion der Menschen und
die nicht geträumte Geschichte.

Als ich's am wenigsten erwartete,
erschien sie mir in einem Augenblick,
der kaum absurder und verzweifelter sein konnte.
Und mit ihrer Erscheinung kam auch die Klarheit.
Aber sicher doch, Pylades, so und nicht anders
mußten die Dinge ja kommen!

Die neue Revolution ist nicht das Werk
einiger weniger oder gar eines Teils von ihnen:
Sie ist das Werk einer ganzen Stadt!
Aus ihrem tiefsten Innern entstand sie
ganz natürlich, von einer Erfahrung zur andern.
Folglich ist die alte Welt nicht wiederzuerkennen.
Und dagegen empörst du dich, Pylades,
welch kläglicher Schlag ins Leere!
Mich hast du dazu aufgefordert: Aber sieh doch
selber auf diese Stadt, und sieh gut hin!
O ja, da ist die warme Stille

eines Sonntagmorgens, und seine Sonne bringt
Orangenduft ins tiefe Grau; in einem Hauch von Nelken
klingen Stimmen, wer weiß, woher;
über die Stuhllehnen sind die
guten Kleider gebreitet; es kommt Leben
in die Straßen; man unterhält sich beim Friseur;
die Jungen gehen im Sportdress in die Stadien;
und die Mädchen rufen einander, warten auf die Stunde
des Tanzes, wenn die Sonne noch hoch am Himmel
steht ...
ABER DAS ALLES IST NICHT MEHR DIE WIRKLICHKEIT.

Sie ist woanders.
Und wenn dein Volk auch kaum davon berührt ist,
so handelt doch derjenige,
der es führt, der demokratisch Gewählte,
der seine Geschichte macht,
schon ganz IM LICHTE EINER NEUEN WIRKLICHKEIT.

Darum klingen deine Worte hier vor Argos
wie eine alte religiöse Hymne, schon
so alt jetzt wie die Schreie der Furien.
Darum
rufst du Erbarmen und Lächeln hervor,
du Adler, der ins Leere fliegt.

CHOR
Hör nicht auf ihn, Pylades.
Das sind die alten Worte.
Wir sind nur Arbeiter, Bauern,
ungebildete Menschen: aber wir wissen,
daß ein Übel nur zu einem andern Übel werden kann.
Und hat sich in unsrer Stadt etwas geändert,
so geht's nur deine Vernunft, nicht dein Gewissen etwas an.
Wir verlangen ja gar nicht, daß du ein Heiliger bist.

OREST
Dann gehe ich. Aber wißt,
daß für euern Sieg alles bereit ist,
bis auf das Schicksal, anders gesagt die Wirklichkeit.

7. Episode

In der Nähe des Friedhofs von Argos

PYLADES
Wer tritt über diese Erde
– darauf das Schweigen einer Atempause liegt, von der man
nicht weiß, ob sie Unterwerfung oder Erwartung bedeutet –,
wer tritt über dieses Niemandsland?

Wer kommt da und hält Blumen in der Hand mit
ihren unbarmherzigen Farben von anderen Sommern?
Hinter sich ein Gefolge von
Frauen aus jenen Orten, die dem ew'gen
Aufgehen und Untergehen der Sonne geweiht,
aus jenen Orten, wo geboren wird,
wo das Leben eine lange Pflicht
oder hysterisches Träumen ist?

Wer geht da vor die Stadt und das verlassene Feld
– vor die Stadt, die wieder zu leben beginnt
– vor das Feld, darauf traurige Fahnen wehen?

Wer begibt sich an einen Ort,
wo jemand liegt, der
wie ein Hund oder ein Vogel oder eine Kuh
nicht gemerkt hat, daß Krieg ist
und seine friedlichen Tage fortsetzt, denen
nur das unterschiedliche Licht der Sonne einen Wechsel
gibt?

Ist es Lust zu sterben oder Lust zu lieben,
was ich spüre?
Oder Lust auf eine so schändliche Liebe,
die mir eine Art Tod verschafft?

Einst kam der Schnee in einer Schwermut,
die nur zarte Spatzen bevölkerten
– Chrysanthemen hingen wie Sonnenblumen
– Gartentore trennten schweigsame Familien
wie Volksstämme – und was für ein feierlicher
Friede in den Krusten von Eis und einem bläulichen
Sonnenschein, der sich über den Ställen und in den Winkeln
der aus Ziegeln erbauten Scheunen verlor – und die Erde
bebte
wie hohl unter dem leichten Schritt junger Männer.
Und ein Knabe bebte
bei seiner Erektion, die ihn
mit dem Zeichen des Todes versah.

Der Sommer war sodann eine Dunstwolke von Linden,
der Misthaufen zwischen Sonnenblumen und alten Rössern
brannte wie das heimliche Feuer im Paradies.
Ein Knabe
in einem Strich von Schatten unter einem Holzspalier,
Stecken, von der Hitze verbrannt,
fühlte
– in der Welt unvergeßlichem Schweigen –
nichts als sein Fleisch,
sein großes Gemächt,
triefend, durchnäßt und schmutzig und süß,
auf dessen Scheitel der Todessog war.
Ein Tod aus Trunkenheit, Verzweiflung und Scham.

Jahre ist nun meine Erfahrung
rein wie das Blau der Berge, und ich bin,
wie Orest sagt, zum Rhetor geworden, weil ich
meine unbeugsame Leidenschaft publik gemacht.

Wie, warum kommt jetzt
diese Lust zu sterben wieder,
diese blinde Lust, irgend etwas
zu befruchten, ob
einen Klumpen Erde oder meine Hand?

Wer ist die Frau,
die über das Niemandsland geht
und mir diese Lust gibt, sie vielleicht
zu töten, nur um zu sterben?

Sicher hat sich eine überlebte Furie, eine
alte, widerliche – und von
Erde und Sonne doch so geliebte – an meinen
Leib gekrallt und beißt mich, hängend
an meines Leibes faltenlosem Fleisch.

Ach, die schneebedeckte Erde oder der brennende
Himmel,
sie hallen von einem Schritt oder einem Luftzug . . .
und brechen
knisternd
unter oder über mir zusammen,
Sommer, Winter . . .
tausend und wieder tausend Tage, von nichts anderm
als einem Samenwurf gezeichnet . . .
Mutter oder Hure oder
Mädchen, wer kommt da mit
verfluchten Gedanken, ganz Anmut und Unschuld
oder falsche Religion
oder starre, dumme Berufung zur Nonne
– meinem Geschlechte tierisch fremd –
in die Vertraulichkeit ihrer festlichen Stunde?

Elektra kommt.

ELEKTRA
Laß mich durch, gib den Weg frei.

PYLADES
Und du nimm den Schleier ab,
diesen tristen Schleier
einer tristen Gottesdienerin.

ELEKTRA
Nein, nein! Rühr mich nicht an!

PYLADES
Du bist Elektra ...

ELEKTRA
Geh jetzt, nachdem du mich erkannt hast;
geh und laß mich durch ...

PYLADES
Warum hältst du mich für einen Unbekannten? Wir kennen uns – und wie sehr, und wie lange!

ELEKTRA
Du bist verrückt, laß mich,
geh deines Wegs ...

PYLADES
Kennst du nicht Pylades?

ELEKTRA
Mein Leben, er kennt ihn!

PYLADES
Aber du ... hast du ihn noch nie gesehen?

ELEKTRA
Wozu deine Frage? Und wozu meine Antwort?

PYLADES
Wir irren in einem Niemandsland, fast, als würden wir den Grund
verheimlichen, weshalb wir hier allein sind.

ELEKTRA
O doch, ich habe ihn schon gesehen,
habe ihn gesehen, als er nicht er war; als er
ein Junge war – mir die ersten Male mit meinem
Bruder Orest erschien –, eine Verdammung an seiner Seite.
Ein wortkarger, ernster Junge,
voll der guten geheimnisvollen Gefühle, die dann
zu unserm Verhängnis wurden. Und ich habe ihn als jungen
Mann gesehen, wieder an meines Bruders Seite, als

er uns half, meine Mutter Klytaimnestra zu töten.
Er schwieg, und sein Gesicht war das Gesicht eines verschlossenen
Menschen, ein träumendes Gesicht ... Ich sah ihn an
und sah ihn wieder an, doch sobald
ich die Augen schloß oder zur Seite wandte,
war sein Bild verschwunden ...
Und doch war seine Gegenwart damals
eine so liebende ... schützende ... wie bei
einer Mutter, die dich an ihren Schoß hält ...
Auch jener Schoß war der einer Mutter! So rein,
als trüge er gar nicht das geheimnisvolle
Gewicht eines Männerleibs ... Seine Gegenwart
war eines Engels Gegenwart ... der schier aus Furcht,
für sich selbst zu leben, nur für die anderen lebt. Und ich
dachte: »Er wäre imstande, für meinen Bruder zu sterben«
– und war fast eifersüchtig. Er aber sah mich kaum an.
Als ich ihn das letzte Mal sah,
hatte ich für ihn keine Augen:
Nur ein Schatten war er an der Seite des Orest.
Und damals konnte meine Seele
nichts als Zorn enthalten.
Er kam nicht, und ich sah ihn nicht.

Wer bist du eigentlich? Und woher nimmst du den Mut,
dich mir in den Weg zu stellen und mit mir zu reden
wie von gleich zu gleich ...,
und warum ... habe ich nachgegeben und mit dir geredet?

PYLADES
Vielleicht,
weil ich Pylades bin.

ELEKTRA
Pylades? Ach! Laß mich gehen! Jetzt
ist alles aus. Laß mich doch gehen!

PYLADES

Wie wenig du Elektra ähnlich bist ...

ELEKTRA

Nein, nichts hat sich geändert ...

PYLADES

Das glaubte auch ich ...

ELEKTRA

Laß mich gehen. Adieu.

PYLADES

Nein. Bleibe noch ein wenig ...
Wohin gehst du? Wohin willst du
mit diesen Blumen, du
so geheimnisvoll gefügig gewordene?

ELEKTRA

Du weißt es doch ... Hinter
die Anhöhen dort gehe ich,
wo einmal der Ginster wuchs:
Da ist das Grab
meiner Eltern.
Sie liegen nebeneinander.

PYLADES

Willst du jetzt ihren Tod beweinen?

ELEKTRA

Es sind schon so viele Jahre vergangen!
Jetzt gehe ich einfach weinen.

PYLADES

Aber bevor du da hingehst, mußt du mich anhören.
Ich will dir Dinge sagen, die man nicht anhören kann.
Und die man nicht einmal sagen kann ...
Doch gerade, weil sie über jedes Schamgefühl
hinausgehen – die nicht anzuhörenden und nicht zu sagenden –,

werde ich vielleicht die Kraft besitzen ... Nenne ich sie dir,
so wiederhole ich sie schließlich nur mir selbst: Ihrer
Wirklichkeit
könnte ich mich gar nicht entziehen, auch wenn ich wollte.

Denn ich bin hier vor dir,
wisse es, wie ein Mann vor seiner Frau
– wie ein Hund vor der Hündin –,
ja, das ist besser, wie ein Hund
vor der Hündin. Bereit, dich zu lieben;
als gäbe es dich gar nicht,
als gäbe es nur meinen Anspruch,
meine Erektion, meinen auszuwerfenden Samen.
Du aber: eine Frau ohne Namen,
nur aus Fleisch, wie vielleicht
einem Kind die Mutter erscheinen mußte. Und du
seist mir unbekannt, und ich wollte dich nicht kennen,
wollte mich nur auf dich stürzen, ohne
dir auch nur ins Gesicht zu schauen.
Wollte aber gleichzeitig wissen, wer du bist und
was du bei deinem Entsetzen von mir hältst und
wie du mich bei deinem Entsetzen hinnehmen mußt.
O h n e d i e s w ä r e m e i n e V e r g e w a l t i g u n g
n i c h t d e i n V e r g e w a l t i g t s e i n.

ELEKTRA
Schluß! Ich will nicht hören ...

PYLADES
Hier bin ich vor dir wie ein Tier in meinem Körper,
doch mit Bedürfnissen, die so wenig tierisch sind:
Ja, mein Geist ist mit im Spiel, ich weiß
nicht, in welchen Tiefen meines Fleischs ...

Ich rede ... und habe doch in meiner Kehle nur
die Lust, mich und dich und alles zu vergewaltigen:
Lust, die vor nichts Halt machen würde.

Darum sind meine Worte auch unnütz, und ich

sage sie dir nur aus Verzweiflung und Schüchternheit;
weil ich kein Toter bin. Hier bin ich mit meinem ganzen Ich,
auch wenn mich mein ungestümes Fleisch mitsamt
meinem Samen aus mir selber weg in
eine Flucht reißt, die mich befreien will durch
etwas Widerliches und Unreines, doch Endgültiges.
Ich rede zu dir und bitte dich, will mich erst verständlich machen,
doch weiß ich genau, daß ich danach doch
tue, was ich will ...

ELEKTRA
weint und schreit unvermittelt.

PYLADES
Wir verloren alles, was wir nicht hatten!
Und hätten wir es auch gehabt,
wir hätten es ebenso verloren!

ELEKTRA *weinend und schreiend*
Oh, ich weiß das nicht! Ich weiß jetzt nur,
daß es keine Feinde gibt, und Feinde
... unbekannte Lieben sind ...
Küssen sich

8. Episode

Lager der Revolutionäre

DRITTER JUNGE
Pylades! Genossen!
Große, ungeahnte Neuigkeiten ...
Aber ich weiß gar nicht, ob ich es fertigbringe,
alles zu erzählen ...

CHOR
Woher kommst du?

DRITTER JUNGE
Aus den Bergen: Was ich euch sagen will,
hat sich dort begeben ...

CHOR
Die Berge? Aber da sind
doch nur unsere Frauen,
unter dem Schutz der Eumeniden!

DRITTER JUNGE
Ich war auf der Lichtung, Pylades, wo du
zum ersten Mal die Eumeniden gesehen
und mit ihnen geredet hast ...
Die Sonne stand hoch, ich ruhte mich aus; und horchte,
halb eingeschlafen, auf den Gesang der Vögel.
Da sah ich mitten im Licht ein noch stärkeres Licht:
und hörte in all dem Gesang eine Stimme, die
unendlich reiner und süßer war als der Gesang.

Ich wandte mich um: Es war Athene,
sie kam und rief die Eumeniden!

PYLADES
Was sagte sie?

DRITTER JUNGE
Sie sagte ... daß von dem Augenblick an, da ihr Vater
es nicht vermocht hatte, mit Liebe seinen
Samen in den Leib einer Frau zu senken,
die Geschichte der Riten nach und nach zerbrochen ist ...
Daß auf der Welt das Blöken der Lämmer alt geworden ist
und das Wimmern der Neugeborenen zu einer Süße
aus alten Zeiten geworden ist ...
Und doch – so sagte sie – wieviele Geburten gibt es noch
auf dem bescheidenen Land!
Und wieviele Blüten an neuen Bäumen in der schönen Jahreszeit!
Aber das – so sagte sie – ist nicht mehr die Wirklichkeit.
Die Städte sind keine Handelsplätze mehr,
die freundliche Hände von Maurern erbaut haben.
Gesunder Menschenverstand, Weitsicht, Ehrgefühl,
Gelassenheit, Fröhlichkeit, Achtung vor dem Menschen,
Würde, Ergebenheit, Scham und
Religion, die alte Religion, sie sind
nicht mehr die Wirklichkeit. Sie sagt,
die Welt des Menschen hat sich zum zweitenmal geändert.

PYLADES
Aber was wollte denn Athene von den Eumeniden?
Warum ist sie zu ihnen gekommen?

DRITTER JUNGE
O Pylades, das ist es ja gerade
– die Neuigkeit, die sich in einer einzigen Nacht vollzog –,
was ich mich fürchte zu erzählen, oder nicht erzählen kann ...

PYLADES
Fürchte dich nicht, Junge ... Ich weiß schon jetzt
den Fortgang der Geschichte! Athene wollte,
daß die Eumeniden, wie schon ihre Gefährtinnen,

die wieder zu Furien gewordenen,
Berge und Felder verlassen sollten.

DRITTER JUNGE
Ja, genau! Ja, das hat sie gewollt. Und hat gesagt:
»Ihr sollt fort aus diesen waldbedeckten Bergen
und mit mir in die Stadt kommen.
Hierher auf die Berge aber – ob der
Verstrickung von Widersprüchen, die meine
Vernunft entwirrt – sollen die von euch
zurückkehren, die, wieder zu Furien geworden,
gegen meinen Willen in die Stadt geflüchtet sind ...«

PYLADES
Was! Die alten, die degenerierten, die
in die Stadt zurückgekehrten Furien
werden nun auf den Feldern
wieder den Platz der Eumeniden einnehmen?
Oh, wie gut hat doch Athene ihre Vernunft entwirrt, dies
ewige, überraschende, verrückte Hin und Her im Leben!

Ein Bote kommt.

BOTE
Pylades! Genossen!

CHOR
Was gibt es denn wieder? Noch
ist uns dumpf in den Ohren von der
einen, düsteren, unsinnigen Neuigkeit ...

BOTE
Auch dies ist eine unfaßbare Neuigkeit,
und ich weiß wahrhaftig nicht,
wie ich sie euch berichten soll ...
ob ich dazu die Worte gebrauche,
mit denen man eine frohe Botschaft bringt,
oder die Worte gebrauche,
mit denen man eine Unglücksbotschaft bringt ...

CHOR
Berichte, wie du willst, aber berichte!

BOTE
Ich war in der Stadt.
In der Stadt, deren letzte Tage gekommen schienen.
Und wie leuchteten, im Gegensatz dazu,
von hier aus unsere Feuer:
mächtig und stolz und von Grund auf neu!
Die Stadt war vergreist.
Von hier draußen aber,
mit all den schönen Fahnen,
stand ihr die Frische der Revolution bevor!

Und da tun sich plötzlich die Tore auf:
Und man sieht durch sie nicht unser Heer
mit seinen schönen Fahnen kommen! Nein,
nicht unser Heer sah man einrücken
– wie's geplant und auch schon sicher war –,
ein Heer von Söhnen gegen die Stadt der Väter.
Wer hätte dieses nicht erkannt! Nein, durch die
offenen Tore zog statt seiner ein Heer
in die Stadt, das keiner kannte...

Ein Heer, das nicht Waffen, aber Olivenzweige trug,
nicht brüllte, aber lächelte,
nicht Schrecken verbreitete, aber Sicherheit gab.
Anmut und Autorität marschierten vereint.
Athene kam als erste, und nach ihr kamen,
mit Blumen von den Feldern, die Eumeniden.

Das Volk war bei diesem triumphalen
Einmarsch wie immer unsicher,
lebenstrunken.
Doch als erste schlossen sich die Männer der Wissenschaft
dem Zuge an, die Erfinder, die Hersteller von Arbeitsgerät,
also diejenigen, die das alltägliche Leben verändern, die
Tag für Tag den Menschen in seiner Eigenart vergrößern;

sodann diejenigen, die das Leben der andern in
Versen, Bildwerken und Musik zum Ausdruck bringen;
und schließlich, von Orest geführt, diejenigen,
die das Volk gewählt hat,
um die Stadt zu regieren.

Da kam ein neuer Geist wie ein neues Licht über die Stadt.
Und die bevorstehende Niederlage verwandelte sich
in übermächtige Siegesgewißheit. Rasch vergaß die
Stadt jede Furcht, jedes Gefühl von
Minderwertigkeit, jedes schlechte Gewissen
und begann in der Reinheit der
neuen Dinge ein neues Leben.
Das heißt, es begannen die Wunder Athenes.
Und die Eumeniden inspirierten jeden Bürger
auf seine Weise und halfen ihr so dabei ...

CHOR
Wie denn?

BOTE
Sie bereiteten die Herzen auf das vor,
was der Verstand erlernen würde.
Manchmal erregten Athenes Wunder in der Tat
ja noch Angst vor dem Skandal ...

CHOR
Fahr fort ...

BOTE
In kurzer Zeit – in einer einzigen Nacht! – hatte
die Stadt ein größeres Wachstum als in allen Jahrhunderten
ihres Bestehens. Die Arbeit gab überraschende Früchte.
Paläste, Fabriken und Brücken erstrahlten weiß
in einem noch nie gesehenen Material. Es
entstanden neue Techniken.
Der Alltag änderte seine Beschaffenheit.
Es war, als sei, mehr noch als ein neuer Begriff des Menschen,

ein neuer Begriff des Lebens
in das Denken aller gekommen,
die du, weil sie so neu geworden, nicht mehr verstehen,
nicht mehr hören, nicht mehr halten konntest.
Wie von einem Strudel waren sie mitgerissen, neue,
noch unausgesprochene Ideale zu verwirklichen.
Athene hatte aus dem eigenen Innersten der Stadt
eine neue Stadt geschaffen.

Ein Soldat kommt.

SOLDAT
Pylades! Genossen!
Unser Lager leert sich ...
Unser Heer ist in Auflösung ...

CHOR
Was hast du noch zu berichten?

SOLDAT
Was ich noch zu berichten habe ...
Das war so ...
Die Soldaten, die jungen,
sangen zu ihren Kitharen,
und die Alten hörten freundlich zu.

Alle waren in bester Stimmung: In ihr Haar
– das in den Bergen gewachsen war und die Frische des Waldes
oder die sengende Sonne noch in sich hatte –
fuhr der neue Wind
an diesem Abend des Sieges.

Da plötzlich begann die im dunklen Horizont
verlorene Stadt zu strahlen, wie sich das begibt,
wenn ein Wunder geschieht ...
Und nach und nach erstarben in unserm
Lager die entsetzlichen Siegesgesänge.

Der gespenstische Schein der Stadt verfestigte sich

zu einer verbreiteten, entschiedenen Helligkeit,
so sehr – bis es am Horizont der Abenddämmerung
so war, als überstrahlte sie die Sonne.
Wieviel Friede gab es hinter ihren Mauern!
Da drinnen arbeiteten sie: aber in welch festlicher
Stimmung!

Da wurde eines sofort klar:
Die große Neuigkeit des Lebens war
eben diese Stadt, die alte Stadt Argos.

...
Also desertierten die Partisanen einer nach dem andern,
und still und verlassen ist jetzt unser Lager.

CHOR
Pylades, um uns herum
bricht alles zusammen.
Unsere Arbeit, unsere Hoffnung
sind wie leere Augen um uns herum.
Noch nie haben wir, wie jetzt, die Pflicht gehabt,
zu begreifen, was passiert, und darüber zu diskutieren.
Aber du hast gar nichts zu sagen?

Ein Alter kommt.

DRITTER ALTER
Pylades! Genossen!
Ich habe euch auch noch etwas zu sagen, und das ist so neu,
daß ihr, wie ich glaube, lange darüber diskutieren müßt,
bevor ihr begreift, ob es schlecht oder gut ist ...

PYLADES
Ach, die Intelligenz des Menschen
ist größer als seine Vernunft ...

DRITTER ALTER
Mag sein. Ich aber muß doch wohl Athene den Vortritt
lassen,
sie ist die Göttin der Vernunft und daher der Zukunft.

Ihr wißt ja, daß sie aus Argos
die alten Furien vertrieben hat,
die dort wieder eingezogen waren;
und wißt auch, daß sie von neuem
die Eumeniden nach Argos gebracht hat.

Ja, und das hat den Lauf der Geschichte geändert.
Ist es darum nicht lächerlich, wenn ein alter Mann
sich dem Lauf der Geschichte widersetzt?
Aber ich habe doch immer gewußt, daß wir, nämlich
die Werktätigen der Stadt, diese Geschichte ändern würden:
Und jetzt, am Ende meines Lebens, bin ich
ganz enttäuscht und hin und her gerissen wie ein Junge.

CHOR
So rede!

DRITTER ALTER
Es ist rasch gesagt: Alle, die in der Stadt auf unsrer
Seite waren, sind es jetzt nicht mehr. Und das waren ja
Werktätige, arme Leute, Menschen, die eben erst vom Land
in die Stadt gezogen waren, vor allem aber Arbeiter.
Sie waren jedenfalls unsere eigentliche Stärke: während
wir hier doch nichts als ein Heer von Banditen sind.
Nun, diese unsere Stärke existiert nicht mehr:
denn die Menschen, die sie bildeten ...
nahmen plötzlich einen anderen Weg.
Für sie, für diese Menschen
– denen man Selbstbewußtsein gegeben hatte, und die festen
Willens waren, ihr Schicksal selbst in die Hand zu nehmen –
ist es nicht schwer gewesen, sich gegen die alten Furien zu
wehren.
Gegen sie, die ja Vergangenheit und Dunkel sind.

Aber wie sollten sie sich denn jetzt gegen die
neuen, strahlenden, unvermuteten Eumeniden wehren?

PYLADES
Es ist ein Recht im Menschen

(sich zu verlieren, zu sterben),
darüber Athene nicht wacht
und von dem sonst kein Gott etwas weiß.
Jetzt nehme ich es in Anspruch.
Und während wir alle hier
von den Ereignissen überrollt werden,
strömt eine Melodie, die Skandal und
Schande zeugt, in wunderbarer Weise durch mein Fleisch.

Warum wohl waren Elektras Soldaten
die jüngsten und schönsten der Stadt?
Warum wohl soviel Anmut in Haar und Hüften
und soviel verzweifelte Bejahrtheit in den Augen?
Warum wohl waren sie nur
in Männlichkeit und Jugend gekleidet?

Wußten sie denn um
ihre Schönheit?
Hatte sie gar ihre
Schönheit verwöhnt?

Und warum wohl war Elektra von allen Frauen
die reinste, glühendste, heiligste?

9. Episode

Wald

PYLADES
Hier bin ich jetzt allein,
allein mit einem Jungen, der aus den Bergen
gelaufen kam, als ging's zu seinem ersten Fest
– so stark und lieb und heiter, auch als er die Nachricht
von unserer Tragödie überbrachte –, und mit einem Alten,
der aus der Stadt kam, Schritt um Schritt, und
voller Scham die Tragödie
in seinem Herzen wog.
Doch hat der Junge die Weisheit des Alten,
und der Alte wird hin und her gerissen wie ein Junge ...
Geht ihr denn nicht, ihr zwei?
Verlaßt ihr mich nicht?

DRITTER JUNGE
Wohin sollten wir schon gehen?

DRITTER ALTER
Ich bin müde,
ich würde gern etwas ruhen,
ehe ich mich entscheide ...

PYLADES
Dann bleibt, solange ihr wollt ...
und laßt euch ausforschen von meinem Blick.
Eure Anwesenheit hier bedeutet ja nichts,
flieht jedes Konzept, scheint nur ein billiger Einfall,
spielt mit jeder Sinngebung und widerspricht – mit
menschlichem Zartgefühl – jeglicher Regel für eine
Geschichte.

DRITTER ALTER
Dann bleiben wir hier,
wie du rätselhaft sagst,

um dir ein wenig Gesellschaft zu leisten,
und gehen dann ...

PYLADES
Und wohin wollt ihr gehen?

DRITTER JUNGE
Ich hab mein Zuhause, Pylades, bei meiner
Mutter, den jüngeren Brüdern ...
Auch er wird eines haben,
bei seinen Söhnen ...

DRITTER ALTER
Natürlich, das Leben dauert länger als unsere Träume.

PYLADES
Dort hinten, rechts, stehen die Berge
– wo alles begann –, dunkel, mitten im Blau.
Aber sie stehen noch hoch und deutlich vorm Horizont,
wie Altäre; und wenn in Bälde
der Mond kommt, sind sie auch noch dort,
harte Massive, feindlich und träumend.
Und da, links, liegt die Stadt, in die
man zurückkehrt. Denn EINS – das weiß ich jetzt –
ist der Ort, wo man geboren wird und der, wo man stirbt.
Unsere Stadt dort, sie sagt es uns. Was immer
man tut, es fügt sich zur Einheit,
denn EINS ist die Welt des Bewußtseins.
Der Stadt Verteidiger
und ihre Angreifer,
sie tun nur eines. Unser
bißchen Seele hat immer nur eine Rettung.

Junge schläft ein.

PYLADES
Er schläft ...

DRITTER ALTER
Ja. Er ist müde. Er ist heute
eine so große Strecke
gelaufen ...

PYLADES
Ich will ihn mit meinem Mantel zudecken;
der Abend senkt sich herab ...
Unschuldige Anmut! Im Schlaf, der ihm die Locken
an die Stirn legt, sieht er noch jünger aus.
Wer weiß,
was für eine Zukunft er in seinem Herzen hat!

DRITTER ALTER
Wir werden es nie wissen: Doch er
stellt sich diese Frage nicht.

PYLADES
Meinst du, wir sollten
sie ihm erklären?

DRITTER ALTER
Das täten wir auch,
ohne es zu wollen.

PYLADES
Warum seine Unschuld trüben?

DRITTER ALTER
Ich meine, wir haben für ihn gekämpft!

PYLADES
Aber gesiegt hat ein anderer ...

DRITTER ALTER
In seinem Schlaf gibt es jedenfalls, sieh doch hin!,
weder Besiegte noch Sieger,
und alles fängt wieder von vorne an ...

PYLADES
Und alles, was ich getan – mein Sieg und meine
Niederlage – wiegt leicht wie ein Traum ...

DRITTER ALTER
Alles wiegt leicht,
unsere Seele ausgenommen ...

PYLADES
Ich habe gekämpft wie ein Heiliger der Vernunft.
Doch Orest hat das auch getan.
Und erst jetzt weiß ich, daß die Vernunft
nicht meine, sondern seine Gottheit war!

DRITTER ALTER
Und folglich?

PYLADES
Folglich müßte ich mich fragen,
was das Neue am Ende dieser
meiner ganzen Geschichte ist.

Müßte mich fragen,
wenn sie eine Tragödie war,
warum sie nicht mit neuem Blutvergießen endet.

Müßte mich fragen, was für einen Sinn es hat,
daß diese Verstrickung einer Existenz,
die so sehr nach irgendeiner
Wahrheit suchte,
sich jetzt auflösen kann
in eine schiere Ungewißheit.

Wahr ist, daß
alles, was nicht endet,
der Wahrheit gemäß endet.
Doch kann ich dies ungewisse Ende
meiner Geschichte nicht begreifen; und auch nicht
die neuen Gefühle, mit denen ich wohl oder übel
weiterlebe, ohne zu einer Lösung
gekommen zu sein.

Und doch fühle ich: ... Wenn auch diese meine
schiere Ungewißheit die Gestalt eines
Fluchs bekommen sollte ...,
auch dieser Fluch ...
nur erhaben und sanft und überlegt sein könnte!
Alter schläft ein.

O ja, ich weiß, der Klang meiner Worte
– diese Litanei begangener und eingestandener Fehler –
hilft dir in deinen Schlaf, denn es ist
der Klang des Bewußtseins, wenn
alles sein Ende hat und nichts mehr zu tun ist.
Schlafe, mein letzter Freund.
Denn vielleicht würde ich mich schämen,
vor deinesgleichen
meine letzte Hymne zu sprechen.

Ich aber muß vergessen, daß es Gute, daß es
Unschuldige gibt –, über die, wie über diesen beiden hier,
auch in Zukunft wunderbare Morgenröten sich erheben
werden.
Schuldig ist die Welt, und falsch ist das Licht
dieser Morgenröten.

Athene kommt.

ATHENE
Somit endet alles
in einer nächtlichen Elegie?

PYLADES
O nein! Das stimmt nicht!
Auf diesem weltverlorenen Fleck
vollzieht sich ein Protest
(den ich mir heftig wünschte, und der mäßig ist).

ATHENE
Ach! Und wie vollzieht sich der Protest?

PYLADES
Dadurch, daß ich auf diesem Fleck
der Welt bin,
w o m a n a u f j e d e n T r o s t v e r z i c h t e n k a n n.

ATHENE
Aber gewiß, mein Freund: Der Wahrheit schulde ich alles.
Darum muß ich dir bestätigen:
Jede Heuristik ist mit Sicherheit tröstlich,

und jede Erfindung von mir ist Kitsch.
Doch bleibe ich mir dessen bewußt
(so daß, wer tatsächlich Rhetor ist,
Besiegter ist, das heißt du).

PYLADES
Aber von dir habe ich mich in dem Augenblick
befreit, das sollst du wissen, als ich begriff:
DU, DIE VERNUNFT, BIST IMMER UND AUSSCHLIESSLICH TROST.

ATHENE
Daraus habe ich nie einen Hehl gemacht ...

PYLADES
Ja, aber Orest
(der wußte und tat, als wisse er nicht)
baute darauf
die Beständigkeit seiner Welt.

ATHENE
Meinst du nicht, daß jede Beständigkeit der Welt
sich stets auf diese meine Funktion gründet,
die dem Anschein nach Begreifen,
in Wirklichkeit nur Trösten ist?

PYLADES
Doch.

ATHENE
Was willst du also tun?

PYLADES
Aus dir heraus sein.

ATHENE
Wie mild doch deine Gedanken sind!

PYLADES
Elektra lieben!
Ich bin wie ein Heiliger hinter einem Licht hergelaufen,
das mich verführte!

Und jetzt habe ich sie hier in meinem Körper.

ATHENE
Elektra? Doch nur
ein Widerspruch.

PYLADES
Nein, das ist weitaus schlimmer als ein Widerspruch,
als ein schöner, lichter, tröstender Widerspruch.

ATHENE
Parà tèn doxan:
Nicht in meinem Licht.

PYLADES
Elektra lieben!
Etwas, das der Natur widerstrebt.

ATHENE
Der Natur: Mir nicht.

PYLADES
Oh, du willst mich einfach nicht begreifen!
Ich habe nicht die Absicht
– auf diesem Fleck, wohin ich jetzt geraten bin –,
mich trösten zu lassen!

ATHENE
Warum liebst du dann Elektra?

PYLADES
Weil ich in ihr meine Absage liebe.

ATHENE
Dann ist also dies deine letzte Hymne
– die du dem schlafenden Manne angekündigt hast –,
deine letzte erhabene, sanfte, überlegte Hymne?

PYLADES
Nein, meine letzte Hymne ist
eine kindische Verwünschung!

ATHENE
Die Unvernunft gegen die Vernunft verwenden?
Solches taten die Dichter und Mörder

der soeben verflossenen Epoche.
Die ganze Welt riecht noch nach deren Tod.
Orest sagte ich es voraus,
und an dir erbringe ich den Beweis.

PYLADES
Indem ich auf dich hörte, kämpfte ich doch
nur, um die Macht zu ergreifen!
Jetzt weiß ich: Dies ist das schuldhafteste Vergehen.
Schon der Gedanke, die Macht an sich zu bringen
(wenn auch nicht um ihrer selbst willen)
ist schuldhaftes Vergehen . . .

ATHENE
Die alte Autorität habe schließlich ich zerstört.

PYLADES
In deinem Namen hat Orest ein Denkmal gestürzt
und ein anderes aufgebaut: Ich war dabei,
das gleiche zu tun,
doch mein Denkmal wird zum Glück
unvollendet bleiben.

ATHENE
Genug damit.
Man sieht das erste Licht des Morgengrauens.
Ich kehre zurück
in die unerschrockene Welt der Sünde und Demut.

PYLADES
Die Sonne geht auf
über diesem erniedrigten Leib.
Geh du! Geh in die alte Stadt,
deren neue Geschichte ich nicht kennen will.
Warum Schande und Ungewißheit fürchten?
Vernunft, sei verflucht,
und wer auch deine Gottheit ist,
und jede Gottheit!